········交通指南×打卡景點×食宿玩買，有問必答萬用ＱＡ········

給超新手的最強攻略

去東京自助旅行！

全新修訂版

Aska───著

全圖解

最新日旅注意事項

在台灣放寬對疫情的出入境限制後，很多人出國的第一選擇都是到日本。但別忘了疫情沒有消失，不管台灣或日本，在疫情之後的觀光旅遊政策都有一些變化。如果你以前已去日本玩過好幾次，而現在仍抱持著一樣「說走就走」的想法直衝日本，那可能會因為「一時大意沒有查」的結果，卡在某些出入關流程、或在日本當地發生一些問題。建議你花 3 分鐘快速看完以下重點，順便檢查一下是否自己都做好準備囉！

※ 防疫政策、出入境手續，可能依疫情變化而時常改變。以下資訊以概念性為主，實際最新狀況請隨時到相關網站查詢。

檢查護照是否已過期、快過期

大部份的國人因為疫情關係，至少有兩年多不曾出國，也許就在這兩年你的護照剛好要過期了，如果有出國計畫，第一步就是打開護照看一下「效期截止日期」，因現在換發護照的人潮眾多，至少提前兩週去辦理比較保險，並且記得順便辦快速通關喔！

※ 若要換發護照但沒時間排隊，也可找旅行社代辦。

※ 若之前沒有護照，第一次申辦的人，可就近到任一個戶政事務所，現在臨櫃有提供「一站式服務」，新辦護照也可以受理。

 外交部領事事務局

 戶政事務所辦理護照說明

確認最新入境政策

日本於 2023/5/8 新冠肺炎降級，室內外口罩令已經解除，4 月 29 日降級後也不再看疫苗證明及 PCR 證明了。建議於出發前至少兩週查詢官方簽證及檢疫網站，確認最新入境規定。

 數位疫苗證明
線上申請

 外交部的前往日本須知

線上填寫 Visit Japan Web（VJW），加快入境日本

以前飛往日本，在機上都會發兩張紙本的單子，一張是入境卡（下飛機第一關檢查護照時要交）、一張是給海關用的（有無攜帶違禁品，拿行李出海關時要交）。現在上述資料在日本已經採取線上化，並一起整合成「Visit Japan Web」，請務必提前幾天到此網站申請帳號並登錄完成，過程中需上傳護照，及填寫一些旅程相關資料，加上還要等候審查，如果是到了日本下飛機才填寫會來不及喔！

※ 若未線上填寫 VJW，也仍然可以用以前的紙本單子流程（在機上跟空服員索取）。

 Visit Japan Web　　　　　 **VJW 的常見問題說明**

出入境都儘早提前過安檢

不管從台灣出發、或從日本回台，建議都早點過安檢關卡，因為現在旅客爆增，機場人力不太足夠，安檢的關卡常大排長龍。如真的隊伍太長，而你已接近登機時間了，航班的空服員會在附近舉牌子（上面寫有班機號碼），只要舉手回應表明是該班機乘客，就可以帶你加速安檢通關。

※ 目前有些機場貴賓室、餐廳都是暫停營業狀態，過了安檢後的吃飯、休息選擇可能不太多。

自助結帳、自助點餐

為了減少直接接觸，許多餐廳新增了自助點餐與結帳系統，入座後可以自行操作座位上的平板電腦，或用個人手機直接掃店家提供的 QR code 點餐。一些商店、超市與便利商店也都增加了自助結帳機，通常搭載多國語言，可先在螢幕點選「中文」後自行刷條碼結帳。另外，即使是由店員負責結帳，許多店家也會在刷好商品條碼後，要求顧客自行將信用卡插入刷卡機結帳，或是將現金直接投入結帳機內。

在日本上網更方便的 e-SIM 卡

很多人到日本要手機上網，會另外買專用的 SIM 卡，但缺點是要拔卡換卡很麻煩。現在新手機都有支援數位虛擬的 e-SIM 卡，像遠傳、台哥大、KLook、KKday 等都有日本上網用的 e-SIM 卡方案，即買即用，只要在手機上做設定就好，可自行上網搜尋相關資訊。

※ 使用 e-SIM 卡時，請將手機國內號碼的漫遊功能關閉，以免誤用台灣號碼漫遊連網。

東京去一次不夠、去再多次也不會膩！

在陸續撰寫出版《四國，深度休日提案》及《北陸，深度休日提案》期間，偶爾也會思索著下一本要寫日本的什麼地方，是東北、九州？還是繼續走鄉下路線來寫山陰地方，一度已將目標鎖定關東，準備要動筆寫湘南鎌倉，卻因構思尚不完整而暫停，2 年來腦海裡已不知默默將日本全國地圖繞了幾圈、想了多少個區域，心中絲毫沒有閃過要寫的念頭大概只有一個地方，就是「東京」。

理由其實不難理解，誠然東京是台灣人最常去的地方，但市面上有關東京的旅遊書籍亦如汗牛充棟，且各種類型都有，就像一片紅海，再出版東京不是太浪漫就是勇氣過人，加上東京的商業氣息過於強烈，每年總有商場高樓等新名所誕生，對許多人來說到東京不外就是逛街購物美食，因此當出版社編輯提出東京這個地點時，坦白說我是有些躊躇猶豫的。

東京對我而言是個既陌生又熟悉的地方。傳承著 400 多年前悠久江戶時代歷史的日本首善之區，曾歷經幾乎全滅的重大災難迅速浴火重生，舉辦 2 次奧運會，無論在商業金融、時尚、文化、建築、飲食等各方面都居於日本領先地位，包含鄰近 3 縣組成的東京圈有著比台灣還要多 1.5 倍的人口，如此巨大的城市豈是像我這樣的外國人所能掌握；另一方面，我常笑稱自己對東京地下鐵熟悉的程度可能遠高於台北捷運，因為在我個人的日本旅遊經歷中，去過最多次的不是已然書寫成冊的四國、北陸，而是幾乎每年總會到訪的東京，或是旅遊訪友或是出差工作，不知不覺中竟已累積出可觀的次數，有關東京的種種回憶已成為我人生無法抽離的一部分，透過各種因緣而結識許多住在首都圈的友人，更加深了我與這個城市的羈絆；經過幾天的思考，我決定要寫這個題目，將這十幾年來我對東京的認識和觀察寫下這本書。

然而實際開始動筆，才發覺這不是一件輕鬆的任務。東京的面積稱不上遼闊，但景點豐富多元，各有獨特的魅力，市區歷經關東大地震及二戰大空襲，幕末浮世繪名家歌川廣重繪筆下承平江戶時代的景物或許早已不復見，然而進入明治維新，無比豐沛的活力讓東京奠立現

代化的基礎，之後大正、昭和接力，在東京留下無數珍貴的歷史建築與無形資產，令人目不暇給；東京可以寫的東西實在太多，也讓我持續好幾個月的時間都陷於參考書海及面對鍵盤螢幕的奮戰之中。但也慶幸有這次書寫的契機，讓我得以重新認識近代東京精彩且多樣的風貌，像是文化藝術集中的上野、現代娛樂設施的發祥地日比谷、對流行擁有高敏感度的銀座、流露濃厚「和文化」的淺草，透過今昔探索，我逐漸發掘並體會到東京深刻的內涵與文化，不再只侷限於過去的刻板印象。

《去東京自助旅行》從最基本出發，要帶領初次想探訪東京的人能快速上手各項實用的旅遊情報，特別對首都圈出了名複雜的鐵道網著墨甚多，這其實是體驗東京生活日常的最好方式，也是東京自助旅行一大魅力所在，可不要因此卻步了，說不定您也會和我一樣，看到鵝黃色可愛的銀座線電車從此就愛上它了；景點的介紹盡量以精簡但依然帶有深度的描述，從東京最富歷史感的東京車站、銀座、日本橋出發，感受日本專屬的西洋文化，期望大家來到東京不要只是走馬看花，不然就太可惜了！

在書寫的期間，偶然看到自己多年前分享在部落格上要提供友人參考的一篇「給第一次到東京自助旅行的小建議」，洋洋灑灑列了十餘點，還規劃行程範例，現在看起來或許不是那麼成熟，卻可感受字裡行間流露著想與同好分享旅遊的熱情，如此看來，或許冥冥之中早已注定有一天要寫一本和東京有關的書吧。

對我來說，這本無疑是寫的最辛苦的一本書，然而我也極其幸運，能有日本友人岡林涉先生、大學同學 Robert Lin 的鼎力相助，大方的提供許多精心拍攝的攝影作品，豐富了書籍內容，同時也要感謝創意市集的編輯，總是不厭其煩仔細的溝通，讓作品能呈現的更完整。

東京是個去一次絕對不夠、去再多次也不會膩的地方，這座永遠停不下來的城市，每隔一段時間總會有新的話題，以百變風貌吸引好奇的旅人一再前往。台灣往返東京的航班非常充裕，如果有想休假的心情，借用 JR 東海道的經典廣告詞：「對了，去東京一趟吧。」（そうだ 東京、行こう），只要 3 小時的航程，就能帶您來到這座永遠探索不完的超大城市盡情漫遊。

這就是我的第三本書，還請讀者繼續多多支持指教！

Aska
令和元年大晦日

目錄

chapter 5
美食、餐廳

東京點餐

東京餐廳

東京有哪些推薦的餐廳？

chapter 6
購物

chapter 7
東京都內這樣玩

chapter 8
東京近郊很精彩

本書所列旅遊相關資訊，以 2023 年 4 月為基準，資訊因時因地會調動，出發前請利用書中的網址再次確認。

CHAPTER 1

認識東京

東京基本情報

東京在哪裡？

　　日本和台灣一樣都是島國，日本列島主要由北海道、本州、四國、九州等四大島組成，國土面積約 37.8 萬平方公里，在全世界排名約第 60 名，足足比台灣大上 10 倍。日本在法令上對首都並無明確的規範，但一般仍將東京認定為日本的首都。

　　東京都在日本區域的劃分上屬於關東地方，位在本州靠近東邊的位置，與神奈川縣、埼玉縣、千葉縣、山梨縣相鄰，進出的門戶為「羽田空港」（羽田機場）、「成田空港」（成田機場），與台灣之間的航程約 3 小時。

豆知識：
日本的本州面積約 225,800
平方公里，是全世界第七
大島嶼。

東京有多大？

　　東京無疑是國人最熟悉的日本城市，但相信許多人對於東京的實際大小很難有具體概念，因為東京都除了核心的「23 區」，往西邊延伸還包含「多摩地域」，甚至遠在天涯海角的「伊豆小笠原諸島」，都屬於東京都的治理範圍，總面積為 2,193.96 平方公里，和台南市幾乎一樣，但在日本 47 個都道府縣的排名屬後段班，只贏過大阪府和香川縣。

　　但可別因為面積不大就而小看東京的多樣性，因為當中除了有最現代的都市，也有山林翠鬱的深山區域奧多摩（從東京搭電車要 2 小時才能到），還有距離東京 1 千公里遠、搭船要 24 小時才能抵達的人間淨土「父島」，風貌非常多樣。還好一般觀光客到東京旅遊常造訪的景點，例如上野、表參道、銀座、日本橋、澀谷、新宿、池袋等都在 23 區內（628 平方公里），所以只要將這核心區域的功課做好就大致沒問題了。

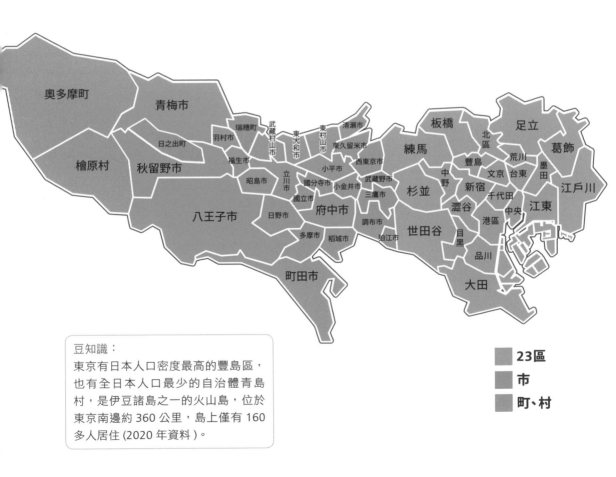

豆知識：
東京有日本人口密度最高的豐島區，也有全日本人口最少的自治體青島村，是伊豆諸島之一的火山島，位於東京南邊約 360 公里，島上僅有 160 多人居住 (2020 年資料)。

23區
市
町、村

東京是一個什麼樣的地方？

　　東京古稱江戶，原本是個人煙稀少的小漁村，400 多年前德川家康一統日本後將這裡作為武家政權的所在地，展開江戶幕府，是一個以武士為主的地方。江戶作為幕府行政中心，德川家康積極治理，並從外地請來許多一流工匠，大舉建設江戶城，吸引許多外來人口移住；為掌控各藩而施行的「參勤交代」制度，讓各地藩主及大批隨員每年都要不遠千里輪流前來對幕府將軍表示效忠，此一施行超過 200 年的措施無疑促進江戶許多面向的發展。這段在日本歷史上沒有戰爭的承平年代，讓江戶的人口到了 18 世紀初期已超過 100 萬人，成為當時世界上屈指可數的大都市。

　　1868 年幕府垮台，進入明治時代，江戶也改稱東京，在明治維新的全面帶動下，東京蓬勃發展，但之後卻歷經 1923 年關東大震災及第二次世界大戰美軍空襲的兩度摧殘，讓東京幾乎砍掉重練，因此比起京都，東京現存古老建築相對稀少。大戰結束後，百廢待舉的東京，在戰後嬰兒潮，即所謂「團塊世代」的打拼之下，以飛快的速度復甦重建，在破壞與創新並進的 1964 年前後，首都高速公路、東京鐵塔陸續完成、世界第一條東京到新大阪間的東海道新幹線通車，東京首次舉辦奧運會，跳躍性的發展讓東京再度回到亞洲最先進城市的地位，其後人口不斷成長，如今東京都約有 1,400 萬人，「東京圈」（包含東京都、埼玉縣、千葉縣、神奈川縣）則有超過 3,560 萬人，相當於全日本 28.9% 的人口集中在東京及鄰近 3 縣，是世界最大的都會區。東京在 2013 年爭取到 2020 年奧運主辦權，7 年間除了修建比賽場館，對於其他各項軟硬體基礎建設也進行一波強化工程，日本政府期望藉由這項運動賽事，向世界宣告 311 大地震後日本的復興，並展現這座大都會的魅力。只可惜受到 Covid-19 疫情影響，奧運延期一年舉行，賽事期間也不開放觀眾入場，讓這場盛事留下許多遺憾。

　　高度密集的人口、林立的超高層大樓、優良的基礎建設、綿密到讓人眼花撩亂的完善交通網，人們井然有序的流動著，這些都是東京的象徵，另一方面，這裡也有寧靜的皇居和宛如茂密森林的明治神宮，既傳統又現代，對許多外國人來說，東京絕對是體驗日本的最佳地點。

豆知識：日本的首都圈是指東京都、埼玉縣、千葉縣、神奈川縣、山梨縣、茨城縣、栃木縣、群馬縣等 1 都 7 縣。

東京的氣候及四季該怎麼穿？

東京的緯度比台灣高了許多，四季分明，冬天（12～2月）當然也比台灣寒冷，有時會出現0度以下的低溫，這時保暖就很重要，不過東京都心並不常下雪，如果到日本的目的是賞雪的話，東京並不是好選擇，且東京對於大雪的耐受度遠不如經常下雪的北海道或北陸地方，有時突如其來的一場降雪可能會打亂都市的節奏與正常運作。春天氣溫開始回升，3月份的東京依然有點偏冷，仍需要外套，東京的櫻花季大約落在3月中旬到4月上旬，以靖國神社內的「標準木」作為東京櫻花是否開花的判斷依據，不過這段季節轉換期間氣候有時不太穩定，偶有爆彈低氣壓所造成的「春の嵐」，強風大雨威力不下輕度颱風。

另一方面，受到全球暖化及都市熱島效應的影響，這幾年東京的夏天經常出現比台灣更高的氣溫，例如在2018年7月23日，東京青梅市就曾創下40.8度的紀錄，2022年夏天，東京都心共有16天的最高氣溫超過35度，也就是日本氣象廳定義的「猛暑日」，因此夏天到東京的話，最重要的就是經常補充水分以預防中暑，每年6月東京通常也會進入梅雨季，降雨的天數會比較多。此外，近年侵襲日本的颱風數量也有增加的趨勢，夏季（6～8月）安排到東京旅行也要考慮颱風的因素。秋天是比較舒適的季節，氣候宜人，降雨也變少，進入11月中旬以後早晚氣溫會偏低，日陰處風一吹來就會感到一些寒意。

月	建議服裝	月	建議服裝
1～2月	羽絨衣或外套，再加上圍巾、手套	3月	外套，有時需搭配圍巾、手套
4月	毛衣、外套的多層次穿搭	5月	長袖襯衫或薄毛衣、背心
6月	短袖或長袖襯衫	7～8月	短袖
9月	短袖或長袖襯衫	10月	長袖襯衫或薄毛衣、背心
11月	夾克或毛衣，有時需要外套	12月	外套，有時需搭配圍巾、手套

東京旅遊不會日文怎麼辦？

━ 寫在紙上

筆談是種好方法，車站的服務台大多有準備紙筆，遇到不會唸的漢字，可以利用筆談的方式寫下來詢問，日本人在講話時，特別在遇到外國人時，常常搭配豐富的肢體語言來補語言之不足，讓想傳達的內容更容易得到理解。書末附有幾句旅遊常用日文，如果可以記下來的話，旅途中會很有幫助。

地名多為漢字

　　許多人擔心不會日文，到東京旅遊會不會遭遇很大的困擾？東京是日本國際化最高的都市，鐵道系統指標都有多國語言，況且台灣人還有一項最大優勢，就是能看懂「漢字」，許多漢字的意思與中文相同，對台灣人來說，拿日文版的地下鐵路網圖會遠比英文版要容易閱讀的多。在旅館或是餐廳，服務人員大多會說簡單英文，許多餐廳都備有英文菜單，部分還提供中文菜單，服務生在帶位過程中通常就能察覺是外國旅客，並遞上合適的菜單。

利用東京觀光信息中心

　　為服務日益增加的海外旅客，東京在新宿高速巴士總站 3 樓、東京都廳第一本廳舍 1 樓、羽田機場國際線旅客航廈、京城上野車站等地方設有「東京観光情報センター」（東京觀光信息中心），均有熟悉外語的服務人員，相信可以獲得滿意的旅遊諮詢服務；各鐵道公司在許多重要車站也都有配置站務員，會主動協助旅客。

❸ 東京觀光信息中心 ❹ 主要車站內均配置專門服務旅客的站務員

利用即時口譯 APP

　　真的遇到必須與日本人溝通的場合，且對方只懂日文時，可利用即時口譯 APP「VoiceTra」，這款由日本通信研究機構開發的 APP，對應包含繁體中文在內超過 20 種語言，翻譯成日文的準確率比其他軟體高，也是許多日本人到海外旅行時常用的 APP。

CHAPTER 2

行前準備

行前準備有什麼步驟？

Step 1 蒐集旅遊資訊	Step 2 證件準備	Step 3 購買機票
Step 4 預訂旅館	Step 5 安排行程	Step 6 兌換日圓
Step 7 上網漫遊	Step 8 購買旅遊保險	Step 9 行李打包

Step1：蒐集旅遊資訊

━ 日本有哪些國定假日？

　　觀光景點豐富的東京，一年四季都適合前往旅遊。日本政府近年提出「觀光立國」的發展戰略，觀光業成長迅速，海外訪日客在 2019 年達到高峰，達 3,188 萬人次，原本預計要在 2020 奧運年朝 4 千萬人次邁進，然事與願違，受到疫情衝擊，觀光業度過低迷的三年。不過隨著日本國門在 2022 年 10 月開放，加上日圓匯率貶值，觀光客回流速度非常快，淡旺季不會特別明顯，不過事先掌握日本國定假日（日本稱為「國民の祝日」）及休假還是有必要，可以避開日本國內的人潮。由於日本自 1872 年底（明治 5 年）開始採太陽曆，亦即新曆，除了成人之日、海之日、敬老之日及體育之日為了讓國民可以連休三天，不固定日期，而是以特定的星期一放假外，其餘的祝日都很固定，唯一差別是如果當年祝日正好遇到週日的話，接下來的週一會再補假（日本稱為「振替休日」），形成連放三天或更長的假期，一般來說，三連休時出遊人潮就會變多，旅館房價也會水漲船高。

❶ 淺草寺仲見世通 ❷ 櫻花季節都內賞櫻名所總擠滿人潮

日本過年是 1 月 1 日，稱為「元日」，雖只有一天的國定假日，但政府機關或大多數的企業會從 12 月 29 日連休到 1 月 3 日，稱為「年末年始休み」，由於在東京打拼的人都返鄉過年了，這段期間東京都內人反而會變少，到東京跨年順便排福袋也成了許多台灣人近年流行的選擇。春天櫻花季的 4 月 1 日是日本會計年度開始及新人就職、學生開學的日子，這段期間沒有國定假日，但東京各櫻花名所滿是賞花的人，熱鬧非凡；接下來 5 月初的黃金週（註）是大型連休，也是一年之中日本國內旅遊最旺的季節，旅館不但難訂，價格也會上漲，新幹線及飛機的位置經常客滿，名勝景點總是擠滿旅遊人潮，建議避開這段期間前往東京。

比較特別的是 8 月 13 日到 8 月 16 日的「盂蘭盆節」（お盆），有點類似台灣的清明掃墓，雖然不是國定假日，但許多上班族會休假返鄉祭祖，有點像是上班族的暑假，這段期間的交通狀況也會非常繁忙。另外，10 月 1 日是東京都特有的「都民之日」，是在 1952 年制定的紀念日，這天雖沒有放假，不過由東京都所管理的博物館、美術館、庭園等設施都會開放免費入園，人潮也會非常多。正確的國定假日可參考日本內閣府公告的資訊。

日期	節日	說明
1 月 1 日	元旦（元日）	日本的新年假期，一般從 12 月 29 日連休到 1 月 3 日。
1 月第 2 個星期一	成人之日	形成三連休
2 月 11 日	建國紀念之日	
2 月 23 日	天皇誕生日	
3 月 20 日或 21 日	春分之日	依國立天文台公布日期為準
4 月 29 日	昭和之日	
5 月 3 日	憲法紀念日	
5 月 4 日	綠之日（みどりの日）	通常會結合週末形成黃金週
5 月 5 日	兒童節（こどもの日）	

日期	節日	說明
7 月第 3 個星期一	海之日	形成三連休
8 月 11 日	山之日	
9 月第 3 個星期一	敬老之日	形成三連休
9 月 22 日或 23 日	秋分之日	依國立天文台公布日期為準
10 月第 2 個星期一	體育之日	形成三連休
11 月 3 日	文化之日	
11 月 23 日	勤勞感謝之日	

清澄庭園是都民之日的免費開放設施之一。

豆知識：日本一年之中總共有 16 個國定假日。內閣府會在每年的二月，公告下一年度的國定假日日期。

內閣府
https://www.8.cao.go.jp/chosei/
shukujitsu/gaiyou.html

註：黃金週會因每一年週末的日期不同，實際放假日也會有所差異，2019 年配合德仁天皇即位，曾連休 10 日。

━ 有哪些實用的網站和 APP ？

景點資訊

Japan：日本觀光局

日本官方相當重視台灣市場，許多旅遊網頁都有繁體中文，推薦大家可以先到「Japan：日本觀光局」瀏覽，這是日本國家旅遊局設立的網站，資料正確性高，包含吃、玩、購的資訊都能在此取得。

Japan：日本觀光局

https://www.welcome2japan.tw/

GO TOKYO

到東京旅遊前，不能錯過東京都官方設立的「GO TOKYO」網站，以分區及主題的方式介紹東京的景點，最棒的是還會揭露近期在東京舉行的活動，可以和當地人一起體驗歲時生活的樂趣。

GO TOKYO

https://www.gotokyo.org/tc/index.html

Live Japan

日本餐飲情報網「ぐるなび」專為訪日外國人所提供的觀光資訊旅遊指南網站，分成旅遊景點、美食、購物、住宿四大項，還可分區查詢各區域資訊，資料豐富完整。

Live Japan

https://livejapan.com/zh-tw/

樂吃購！日本

日本人針對台灣、香港赴日遊客設立的旅遊資訊網，亦提供在日本用得到的各種優惠。以樂、吃、購、住、行程、交通分類，並整理出實用的近期活動資訊。

樂吃購!日本
https://www.letsgojp.com/

訂房網站

樂天旅遊

日本最大的旅館預約網站，提供超過 3 萬間旅館的訂房服務，從青年旅館到高級飯店都能找到，也能預約租車及巴士旅行，網站不定時會發送 coupon 券，可立刻折抵訂房。

楽天トラベル
https://travel.rakuten.co.jp/

完美行

全中文界面，可預訂旅館及各式 JR 票券，可以最優惠的價格預約日本全國各地約 1 萬間溫泉旅館或飯店，還能享有選擇晚餐料理、安排接送及預訂私人湯屋的服務，不會日文也能輕鬆完成預約。網站還提供線上購買 JR 東京廣域周遊券及預購熱門免稅商品的完整服務。

完美行
https://tw.wamazing.com/yado

じゃらん（Jalan）

日本人最常利用的訂房網之一，介面清楚、容易使用，訂房回饋的點數比率高於樂天旅行，遇促銷時，回饋經常會提高到 10%。

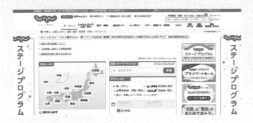

じゃらん

https://www.jalan.net/

交通資訊

Yahoo! 路線情報

又稱「Yahoo 乘換案內」，是規劃行程階段查詢預定搭乘車次的最佳幫手，只要輸入出發、目的地及時間，就能查詢最佳的班次、轉換不同路線所需時間，連乘車月台都會清楚標示出來，資料清楚詳細，實用度非常高。

Yahoo!路線情報

https://transit.yahoo.co.jp/

實用 APP

Japan Official Travel

由日本政府觀光局（JNTO）所開發的 Japan Official Travel APP，只要先選擇是否住在日本、國籍，以及曾到訪日本的次數，按送出後就可以開始使用，有繁體中文介面。除了旅遊資訊，還結合天氣、並可以查詢乘車資訊。

ことりっぷ

日本知名地圖與旅遊書出版社「昭文社」，為了ことりっぷ（co-Trip）系列書籍所開發的
APP，風格清新，資訊整理清楚，也可欣賞讀者分享的旅遊照片和資訊。

tenki.jp

日本的天氣預報準確性高，甚至可查詢每小時的氣溫及降雨。推薦下載這款「日本氣象協會」
開發的「tenki.jp」天氣查詢 APP，隨時掌握氣溫及降雨狀況，如有地震或劇烈天氣變化也
會立刻通報，是旅途中的好幫手。

Japan Transit Planner

日本提供時刻表資訊大廠 Jorudan 推出的繁體中文版轉乘資訊 APP，可直接以中文地名輸
入查詢，免除台灣人無法打出和製漢字（如渋、浜、軽、沢等字）的困擾。

完美行

提供綜合旅遊服務，包括可線上購買各式票券、JR 周遊券、預約旅遊行程、線上訂溫泉旅館、
飯店，還有日本線上免稅店購物服務。

Step2：證件準備

日本政府自 2005 年 9 月開始，即針對在台灣設籍的台灣居民，實施進入日本可免簽證停留 90 天的措施，因此前往日本旅遊唯一需要的證件就只有「護照」。

━ 申辦對象

首次申請普通護照必須親自到外交部領事事務局或外交部中部、南部、東部及雲嘉南辦事處辦理；無法親自前往須先至戶所辦理人別確認後，才能委託代理人代辦。護照的效期為 10 年。

━ 必備文件

年滿 14 歲或未滿 14 歲已請領身分證者：身分證正本及正、反面影本各一份，白底彩色照片二張，18 歲以下必須有父或母或監護人之身分證正本及正、反面影本各乙份。

未滿 14 歲者首次申請護照應由法定代理人、直系血親尊親屬或旁系血親三親等內親屬陪同親自辦理。陪同辦理者應繳驗國民身分證正本及影本與親屬關係證明文件（如戶口名簿或最近三個月內申請之戶籍謄本）。

━ 申請流程

（以到外交部中央聯合辦公大樓申請為例）

> **Step 1**
> 至北棟 1 樓大廳填寫護照申請書（網路預約申辦護照者，請先至 1 樓大廳後方之公共事務機辦理報到、取號）。

▼

> **Step 2**
> 向 1 樓領務局服務台抽號碼牌，至 3 樓大廳櫃檯遞件。

▼

Step 3
持收據至櫃檯繳費。

▼

Step 4
依收據之領照日向 21~23 號櫃檯領取。

━ 護照規費

　　每本 1,300 元，未滿 14 歲者 900 元，4 個工作天就能取得新辦護照。如急須出國，可逕向外交部領事事務局或外交部中部、南部、東部及雲嘉南辦事處申請。

外交部領事事務局
https://www.boca.gov.tw/np-1-1.html

　　持台灣護照到日本旅遊可享 90 日免簽證待遇，所以不需辦理簽證，不過原則上僅適用於「觀光」目的，包含休閒、運動、探親、參觀、開會講習、業務聯絡等。外交部領事局特別提醒要自助旅行的人，行前務必要備妥旅遊計畫，包括來回機票、旅遊日程、住宿（旅館訂房記錄等）、交通方式（如車票或訂位記錄等）、付款能力（如現金、信用卡）等資料，以便日本入國管理局機場查驗員詢問時之用。未攜帶旅費、無法說明赴日目的或交待詳細住處時，仍有遭日本海關拒絕入境之可能，請務必在事前做好充分準備。我就曾有資料誤填而被關切的經驗，舊式的日本入境申請表單必須填寫攜帶多少現金，當時我想要填寫 1 万円，卻漏了「万」字，寫成 1 円，果然在護照審查時就被移民官特別詢問了一下。

　　由於絕大部分國家皆規定入境之外國旅客所持護照效期須在 6 個月以上，方可核准入境，所以出發前還是要先確認自己的護照使用期限，以免產生不必要的麻煩。

Step3：購買機票

一 如何蒐尋機票？

台灣飛東京的航線是各家航空公司眼中的黃金路線，航班很多，機位一般來說相當充足。不過機票價格受淡旺季影響差異也很大，廉航淡季促銷時最低來回只要 3,000 元左右，但遇到台灣過年時大家都想要出國，可能 2 ～ 3 萬元都不一定能買到票。以我個人經驗來說，最便宜曾買過 4,200 元（含兩地機場稅，不含托運行李）的高雄東京來回機票，也買過暑假期間 2 萬元的機票。

每個人都想買到便宜機票，各家航空公司也都會提前幾天公佈促銷訊息，所以平時就追蹤各航空公司的臉書是最好的方法；為了增進買氣，促銷期間通常不會太長，所以有看到心目中理想價位的機票就趕緊下訂吧。

skyscanner

目前最多人使用的機票搜尋網站，只要輸入起、訖的機場（或代碼）、去程回程日期及人數，就能查詢這段期間提供航程的航空公司組合與票價。

Skyscanner
https://www.skyscanner.com.tw/

航班／機票 google

2019 年開始，Google 也提供航班及機票的搜尋服務，在「航班／機票 google」中，可以快速找出期望出發日期與航點的機票。

航班／機票google
https://www.google.com/flights

常用機場代碼	高雄 KHH、台北桃園 TPE、松山 TSA、東京成田 NRT、東京羽田 HND。

一 如何自己購買機票？

從 skyscanner 或 google 搜尋得到的航班，會以價格排序可購入這段航程的網站，有些通路的售價甚至比航空公司官網還便宜，如果是信譽良好的網站可以直接購買，不過往往便宜的機票會附帶有一些限制，最好先仔細閱讀，有時販售機票的網站有點名不見經傳，如果沒有把握建議避開比較保險。

我習慣利用航空公司的官網完成訂票，只要輸入起訖的機場、選擇日期、人數、艙等，一步一步依照購票順序，就能完成購票。自己訂票時要特別留意的是姓名的拼法，務必要跟護照一樣，開票後才發現有誤要修改還要再付一筆可觀的修正費用，英文姓名不正確在機場報到時極有可能不被接受登機。如果真的不熟悉網路訂票，委託旅行社代訂機票也是不錯的選擇。

STEP BY STEP 訂購機票

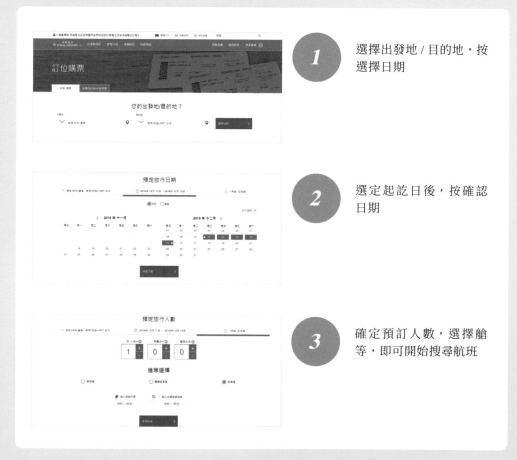

1 選擇出發地 / 目的地，按選擇日期

2 選定起訖日後，按確認日期

3 確定預訂人數，選擇艙等，即可開始搜尋航班

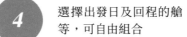

選擇出發日及回程的艙
等，可自由組合

輸入乘客資料，包括護
照姓名、會員資料、聯
絡資訊

選擇特別服務項目，如
加購託運行李重量、餐
點、位置

以上均確認無誤後即可
刷卡付款

傳統航空與廉航有什麼不同？

廉航與傳統的航空到底有什麼不同呢？簡單來說，傳統航空公司（如華航、長榮、日航、星宇、全日空）提供整套的服務，舉凡餐點、行李托運（20 公斤或更多）、選位、機上娛樂等，都包含在內機票，通常可以退票，也可以改期（需另收手續費）。低成本航空（Low Cost Carrier, LCC），許多人習慣稱為廉價航空，在設計上就是簡化服務，票價只先提供基本的運送，想要托運行李、機上餐點、選位、娛樂等附加服務，都需要再另外加價。至於大家最關心的飛行安全，由於都受到嚴格的航空法規規範，安全性是一樣的，並不因為是廉航而打折扣。由於台灣到日本飛行時間不長，即便少了機上服務也不會感到太多不便，是很適合廉航經營的航線，近幾年我搭乘廉航的比率也逐漸高於傳統航空公司。

以台灣虎航為例，分成最基本的「tigerlight」、「tigersmart」（含托運及選位服務的），以及「tigerspro」（接近傳統航空的服務，可選位、含 20 公斤行李托運及餐點，並可免費改期，機票差價另計），三種形式，票價也從低到高，端看個人的需求。要特別注意的是，一但訂購確認，若不搭乘使用則視同「廢票」，虎航不會退費，消費者僅可要求退還未使用航段的機場稅。

日期		傳統航空	廉價航空（以基本方案為例）
航空公司		華航、長榮、日航、星宇、全日空	虎航、樂桃、酷航、捷星
平均票價		高	低
餐點		票價內含	需加購且禁帶外食
機上娛樂		票價內含	需加購（或不提供）
選位		票價內含或另加價	需加價
行李	托運	票價內含	需加購
	手提	7～10 公斤	
退票／換票		可，需加收手續費	不可
安全性		高	高

 虎航

 樂桃

 酷航

 捷星

Step4：預訂旅館

━ 住宿區域該怎麼選？

　　東京的旅館數量非常多，認真要選擇也不是一件容易的事。對於自由行旅客來說，選擇交通便利的旅館是不變的鐵則，建議選擇距離車站步行 10 分鐘以內的旅館，避免花太多時間在旅館與車站的移動時間上。東京有幾個交通便利的住宿區域，包括上野、淺草、日本橋、品川、新宿、池袋、赤坂見附都是很多人會選擇的住宿區域。這幾個區域特色如下：

區域	交通	特色
上野	京成電鐵，東京 Metro 日比谷線、銀座線，JR 山手線、上野東京線、新幹線	方便前往成田機場、離阿美橫丁近，購物方便
淺草	都營淺草線，東京 Metro 銀座線，東武鐵道	方便前往成田機場，距離淺草寺、晴空塔等景點近
日本橋	都營淺草線，東京 Metro 銀座線、東西線	方便前往成田機場，距離銀座、東京車站近
品川	JR 山手線、京浜東北線、橫須賀線、東海道本線，京急本線	方便前往羽田機場，利用 JR 橫須賀線可直達橫濱、鎌倉
新宿	JR 山手線、湘南新宿線、埼京線、中央線、中央‧總武線，京王電鐵京王線、小田急電鐵小田原線，東京 Metro 丸之內線，都營新宿線、大江戶線，高速巴士總站	全日本每天進出人數最多車站，百貨公司、賣場林立，購物方便
池袋	JR 山手線、湘南新宿線、埼京線，東武東上線，西武池袋線，東京 Metro 丸之內線、有樂町、副都心線	人潮聚集的交通樞紐，東口有世界規模最大的西武百貨公司
赤坂見附	東京 Metro 銀座線、丸之內線	鄰近眾多大使館及赤坂御用地，治安良好，車站附近平價飲食選擇多

一 如何挑選適合的旅館？

　　東京的旅館從一晚不到 3 千日圓的青年旅館，到數十萬日圓的超高級奢華飯店都有，就看個人預算及旅行目的。2018 年訪日外國人首次突破 3 千萬人次，東京為因應大量的遊客，將空間物盡其用的「カプセル」（膠囊旅館），以及「ホステル」（青年旅館）都以飛快的速度增加。近年日本的膠囊旅館也逐漸在進化當中，變得更加舒適，且價格相對較低，對只需有個睡覺空間的背包客是滿有吸引力的，青年旅館則大多像學生宿舍，有機會與其他國家遊客交流，但如果不喜歡空間太狹窄（有密室恐懼症），或是不習慣與陌生人共住的話，建議不要訂這兩種旅館。

　　挑選旅館前建議可參考評分及房客留下的評語，分數太低的踩到地雷的機會也相對提高，除非真的已經沒有選擇，不然還是別輕易嘗試。預算充足的人，可以利用日本的「一休」訂房網，高檔的觀光飯店及傳統和風旅館非常齊全。

一休
https://www.ikyu.com/

一休能訂到許多高級旅館

━ 如何挑選 CP 值高、便宜舒服的旅館？

　　東京是許多外地上班族經常前來出差的地方，因此有著為數眾多的商務旅館（Business Hotel），這類旅館有著標準的房型與服務、價格合理，對自由行或是出差來說，是很推薦的住宿選項。

　　東橫 INN（東横イン）、Super Hotel（スーパーホテル）、Comfort Hotel（コンフォートホテル）、京王 PRESSO INN（京王プレッソイン）、VIA INN（ヴィアイン）、Livemax（ホテルリブマックス）、Hotel Villa Fontaine（ヴィラフォンテーヌ）、APA Hotel（アパホテル），這幾家都是日本國內知名的連鎖商務旅館，各品牌在東京都內均擁有許多分館。住宿一晚的價錢依地點而異，雙人房大約在 6,500 ～ 10,000 日圓間，且大多附早餐，CP 值高，品質也相對穩定，大家不妨把這些旅館的名字記下來，訂房時有看到就可列入考慮。

 東橫INN

 Super Hotel

 Comfort Hotel

 京王PRESSO INN

 VIA INN

 Livemax

 Hotel Villa Fontaine

 APA Hotel

━ 日本旅館有哪些注意事項？

和入住歐美旅館不同，入住日本旅館不須在床頭放小費。日本的旅館幾乎都會提供睡衣、拖鞋，但只限在房間內穿著使用，到餐廳用早餐時如果還穿著睡衣會顯得很失禮。另外，房間內拋棄式消耗品以外的備品請不要擅自帶走，以免衍生不必要的糾紛。

沒有吸菸的人請務必要訂禁菸房，吸菸房內殘留的菸味會讓人很不舒服，反之，有吸菸的人絕對不可在禁菸房內吸菸，有可能因此會被旅館請求清潔費。此外，同樣是海島國家，日本的濕度卻不像台灣這麼高，許多旅館會準備加濕機，建議可多加利用。為了環保，商務旅館房間內的冰箱平時並不會運作，如要使用記得自行開電源，以免將必須保鮮的食品放到腐敗了。

❶ 拋棄式的備品可帶走，瓶罐裝的通常都不可以 ❷ 可多加利用房間內的空氣清淨機及加濕機

━ 有哪些管道可以預訂住宿？

除了透過前面介紹的日本樂天旅遊及 Jalan 訂房，也可以在向航空公司訂購機加酒的套裝行程（如華航精緻旅遊）時，同時預訂旅館，或是請旅行社代訂，國內各大旅行社都提供日本訂房服務。近年訂房網站也很普遍，像是完美行、Agoda、Expedia，選擇城市、入住日期，再依期望住宿地點（如上野、銀座）篩選，就能查到有空房的選項。還有一種方式是直接在飯店官網訂房，遇到促銷時，有時會有意想不到的價格。

 完美行　　 Agoda　　 Expedia

━ 如何利用日本的訂房網訂房？

樂天旅遊、Jalan 是我每次到日本旅遊必定會利用的日本訂房網站。兩個網站可選擇的旅館數量都很多，訂房方式也差異不大，可以交互搭配使用，找出最好的住宿組合。

以樂天旅遊為例，只要輸入 check in、check out 日期、房間數量、利用人數，再選擇泊宿地點，就能搜尋空房，還能設定預算的上下限，非常方便。樂天旅遊雖有台灣繁體中文網頁，不過選擇會變得非常少，建議可以先註冊成為會員，利用日文網站訂房。其實只要能認得幾個關鍵字，就不會太困難。

チェックイン	check in 日期
チェックアウト	check out 日期
ご利用部屋数	要訂幾間房
1 部屋ご利用人数	1 個房間要住宿的人數
宿泊地	住宿地點
合計料金（1 泊）	設定每晚住宿的預算範圍

每間旅館都會被旅客依實際住宿經驗打分數，滿分是 5 分，通常我會選擇 3.5 分以上的旅館，一般來說分數超過 4 分就算高分了，踩到地雷的機會也相對較低，3 分以下的就儘量不要去訂。

選定旅館最後在按下確認前，務必要將「キャンセルポリシー」（取消政策）看清楚，例如寫著「当日：宿泊料金の 100%」就是指當天才取消的話，依然必須支付 100% 住宿費。

通常預約日本的旅館並不需先付訂金或住宿費（也有部分住宿方案要先線上刷卡完成付款），但請一定要遵守人數及取消訂房的規定，千萬不要預訂 2 人住宿結果是 3 個人要住，這樣在 check in 時容易與櫃檯人員產生爭執。若因行程變更要取消訂房也沒有關係，只要依旅館的取消政策，在期限前處理就可以，並不會因此被加收手續費，no show 是最不好的行為，不但會造成旅館的損失，也會影響自己還有台灣的信譽；如果當天因為行程延遲而會比預定 check in 時間晚到，務必要先打電話通知旅館，以免訂房被取消，甚至還要被罰款。

┃ クチコミ評価			? クチコミ評価の見方・説明		
※宿泊プランのクチコミ評価になります。 （日帰り・デイユースプランに対する投稿は含まれておりません。）					
総合 4.2 ★★★★☆	クチコミ **1,814** 件	クチコミ投稿を読む			
部屋	4.2 ★★★★☆	風呂	3.7 ★★★★☆	料理（朝食）	4.2 ★★★★☆
料理（夕食）	-	接客・サービス	4.3 ★★★★☆	清潔感	4.2 ★★★★☆
				（「普通＝3.0」が評価時の基準です）	

樂天旅遊訂房

1

選擇 check in ╱ check out 日期、要訂幾間房、1 個房間要住宿的人數,泊宿地請選想住的區域,這邊選的是「東京駅 · 銀座 · 秋葉原 · 東洋町 · 葛西」,然後按下檢索。

2

符合住宿條件的旅館會列出來,可用「おすすめ順」(推薦順位)、「料金の安い順」(房價由低至高)、「料金の高い順」(房價由高至低)、「評価が高い順」(評價由高至低)等條件排序。接著再按下左上角「絞り込む」(篩選)。

3

如果要含早餐或是指定禁菸房,記得勾選,再按下「絞り込む」(篩選)。

經過篩選，已剔除不符個人需求的飯店。找到喜歡的飯店，按下「予約」。

填入預定住宿者姓名（最好和護照一樣）、電話、check in 時刻。

將手機頁面往下拉，選擇付款方式，同時務必詳細閱讀這家飯店的取消政策，接著就可以按「上記の內容で予約する」。

7

預約成立，務必要看到這個畫面才真正完成預約。

8

可在首頁的「予約の確認 ・ キャンセル」中確認預約情形，如有需要取消或變更預約內容，也同樣在此處理。

9

查詢到的預約內容，可將此頁面列印或截圖，於 check in 時使用。

セミダブル的房型

不會日文該如何預訂日本的訂房網?

　日本訂房網使用的漢字很多,意思大概能猜到,比較讓人困惑的是外來語,只要能掌握這些常見漢字及外來語的涵義,要訂房就不是那麼困難了。

日文	中文
部屋	房間
シングル	單人床
ツイン	雙床
ダブル	雙人床
セミダブル	比一般標準床略小的雙人床
和室	日式房間
朝食／夕食	早餐／晚餐
朝食あり／夕食なし	含早餐／不含晚餐
バス・トイレ付	有含浴室、廁所
アクセス	交通方式
決済	付款
クレジットカード	信用卡
現地で支払う	現場支付
プラン内容	方案內容
キャンセル	取消

如何辦理 Check in？

　　日本人在 Check in 時通常會報上預約者的姓名，櫃台人員查詢確認後即可辦理入住手續。如果不會講日語也不用擔心，只需將印有預約代碼的訂房紀錄交給櫃台，櫃台人員找到訂房資料後，隨即會請房客填寫簡單的個人資料，並要求提供護照影印留存，這時只要聽到 Passport（パスポート）這個單字，將護照拿出來就對了，這時也請仔細聽櫃檯人員說明旅館相關規定，其中早餐餐廳位置、退房時間是兩項一定要掌握的重要資訊。

　　常見的旅館房卡有塑膠磁卡或是鑰匙，退房時請記得要繳回，有些旅館沒有房卡，而是提供一組密碼，只要將密碼輸入門把上的數字鍵盤即可開鎖。

❶ 密碼式房卡 ❷ 在 APA Hotel 只要自行將房卡投入箱子即完成退房

何時支付住宿費？

　　多數旅館在辦理 Check in 時就需當場支付住宿費，少部分在退房時付款，使用現金或信用卡都可以（極少數無法刷卡）。為了避免語言不通，旅館櫃台人員通常會將金額打在電子計算機上供房客確認。有些連鎖旅館（如 Super Hotel）需由房客自行操作設在櫃台旁的自動繳費機付款，旅館人員會在一旁協助，不用擔心。

Step5：安排行程

一 如何安排行程？

　　東京可以玩的景點實在太多，第一次安排行程可能會野心很大的想盡可能安排很多景點，但人的時間和體力都有限，以自由行來說，一天安排 3 ～ 5 個景點就相當豐富了，加上時間太有彈性（完全由自己掌握），沿途停下來逛逛買買，常會覺得一天如果有 48 小時、或是時間能暫時停止該有多好，而且到了後面幾天，體力逐漸下滑，原本超完美的行程經常得東減西扣，最後抱著遺憾離開東京。

● 分區規劃

　　因此，在行程的安排上最好以分區的概念來規劃，將鄰近區域的景點排在同一天，如果可以利用同一條地下鐵或 JR 路線更好，以減少不斷轉乘、候車所耗費的時間。以東京 Metro 銀座線為例，沿線的淺草、上野、神田、三越前、日本橋、銀座、虎之門、外苑前、表參道、澀谷等車站附近都有精彩景點，足以安排 2 天以上的行程。

● 依住宿地點條列想去景點

　　在決定旅遊天數後，可參考本書所介紹的旅遊景點，配合住宿地點先條列出想去的地方，然後再依這些景點的所在區位及必須利用交通路線，作合理的安排，例如淺草寺與上野、晴空塔因位置相近，適合排在同一天，但與代官山蔦屋書店位在城市的對角線，相距甚遠，就不要排在一起，排不進行程的景點就刪掉，留待日後再訪。

Yahoo! 路線情報

● 查詢景點間的交通

　　接著，利用 Yahoo! 路線情報查詢景點間移動的交通方式，每個景點需有一定的停留時間，如此就能將每天的行程設計出來。

Yahoo!路線情報
https://transit.yahoo.co.jp/

以下是我常用的安排行程表格，先將航班資訊記下來，然後是住宿旅館資料，接著將行程填入表格，排好後列印出來，即便不用手機（或手機沒電）也能完成每天的行程。

行程範例

航班資訊

日期	起飛機場	降落機場	時間	航班編號	訂位代號
12 月 11 日（三）	高雄小港機場	成田空港 （第二航廈）	起飛 07：00 降落 11：20	CI102	NEQLKU
12 月 15 日（日）	成田空港 （第二航廈）	高雄小港機場	起飛 12：20 降落 15：20	CI103	NEQLKU

住宿資訊

日期	旅館	早餐	房價（日圓）	預約番號	訂房網
12/11~ 12/15	赤坂エクセルホテル東急 地址：東京都千代田区永田町 2-14-3 TEL: 03-3580-2311 （東京 Metro 銀座線・丸の内線「赤坂見附駅」徒步 1 分鐘）	有	19,900 x 4 晚	RYaOasw	樂天旅遊

行程安排

🕐 第 1 天 12 月 11 日（三）	📍 預定行程（景點） 高雄 > 成田空港 > 赤坂見附 > 銀座 > 東京車站

行程細節 / 乘車資訊
1. 早上 11:20 抵達成田空港第二航廈（第 2 ターミナル）。
2. 到達大廳京成バス售票處買 Tokyo Subway Ticket 72-hour ticket（1,500 日圓 / 張）。
3. 第二航廈站（空港第 2 ビル駅）搭 12:02 京成特急 Skyliner 22 號→京成上野 12:43 抵達（2,520 日圓）
4. 上野 12:53 搭東京 Metro 銀座線→赤坂見附 13:12 抵達（使用 Tokyo Subway Ticket）
5. 到飯店「赤坂エクセルホテル東急」Check in
6. 搭乘東京 Metro 銀座線前往銀座（木村家、伊東屋、GSIX、無印良品），東京車站

 餐：（早）　　（午）機上　　（晚）銀座天國　　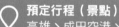 交通費：2,520+1,500 日圓

🏠 宿：赤坂エクセルホテル東急（19,900 日圓）

Step6：兌換日圓

━ 如何查詢日圓匯率？

可以查詢日圓匯率的管道很多，建議參考台灣銀行牌告匯率即可。在「現金匯率」的「本行賣出」欄位就可以查到當日即時日圓匯率。數字（例如 0.2829）表示 1 圓日幣可以兌換的台幣金額，數字低代表日圓貶值，所以是越低越好。2022 年日圓匯率一路走貶，一度創下 150 日圓兌換 1 美元的 32 年新低紀錄，與台幣間的匯率最低也曾來到 0.215，兌換日幣幾乎成了全民運動。不過日幣放在銀行幾乎沒有利息，如有計畫到日本旅行，遇到日圓貶值時分批買進即可，不用一次兌換所有資金。

臺灣銀行牌告匯率
https://rate.bot.com.tw/
xrt?Lang=zh-TW

━ 到哪裡換日圓？

銀行臨櫃

攜帶著身分證就能在銀行臨櫃兌換日圓，多數銀行都會加收手續費。

外幣提款機

有些銀行如台銀、兆豐、玉山、中信等另設有外幣提款機，可免收手續費、並有匯率減免優惠，不過不是每個據點的機器都有提領外幣功能，建議先上網查詢。

線上結匯

台銀、兆豐提供線上結匯服務，在換匯銀行網站設定幣別、金額、領取分行及領取日期，並於規定時間內轉帳（申購後 2 小時內完成），即可在指定日期前往領取日圓，領取時務必要攜帶身分證或護照。

一 如何換日圓最划算？

我最常用「臺灣銀行 Easy 購外幣現鈔暨旅支」網站線上申購日圓，沒有台銀的帳戶也可以買，很適合平日不方便跑銀行的上班族，且線上申購又有千分之一的優惠，對於小資族來說不無小補。

> 豆知識：日本政府於 2024 年發行新紙鈔，一萬、五千及一千日圓上的人物肖像從福澤諭吉、樋口一葉、野口英世，換成澀澤榮一、津田梅子、北里柴三郎。

 臺灣銀行Easy購外幣
現鈔暨旅支

https://fctc.bot.com.tw/

STEP BY STEP

線上兌換日圓

1 點選「馬上申購」

2 詳閱服務說明暨約定事項後按「我已閱讀並同意」

3 選擇幣別(日圓)及提領分行後，點選下一步

4 選擇各面額要兌換的張數，按下一步

5 閱讀服務說明暨約定事項後按「同意」

6 輸入各項基本資料，並選擇「提領日期」、「繳款方式」後按下一步

7 資料確認無誤後按下「確認交易」，即完成線上兌換，記得要在指定時間內匯款，以免失效

<h1 align="center">Step7：上網漫遊</h1>

一 如何選擇上網方案？

在台灣上網很方便，到了東京旅遊，如果直接用台灣原門號漫遊，資費會讓人吃不消的，在日本想要隨時保持上網，有幾種方式：

向電信公司申請原門號漫遊

輕度使用者可申請固定流量方案，以 1G 上網量來說，5～7 天用來查詢時刻表、天氣、地圖，偶爾流覽 SNS 或收 Line 訊息都綽綽有餘，吃流量的觀賞影片或上傳照片可待晚上再利用旅館的 wi-fi。想開直播或出國仍不忘追劇的重度使用者可採以日計價的吃到飽日租型，台灣 3 大電信公司費率每日從 199 元～ 399 元不等。

購買 SIM 卡

屬於上網預付卡，在抵達東京後將手機原 SIM 卡換成這張就能使用網路（無法通話），適合 1 人使用。上網方案很多元，在不同的固定天數內（常見的有 3～31 天不等），分成固定流量、不降速吃到飽及降速吃到飽的多種方案，市場上可以選擇的品牌也讓人眼花撩亂，購買前請留意 SIM 卡與手機的相容性，以及 SIM 卡的最後使用期限說明。在台灣忘了買也沒關係，羽田機場及成田機場也都設有 SIM 卡自動販賣機。近來 eSIM 亦逐漸普及，線上付款後收到廠商發送的 QR code，掃描設定完成即可使用，不用更換實體 SIM 卡。

wi-fi 分享器

若想保持手機原本的電話接聽功能，不想更換 SIM 卡，wi-fi分享器也是不錯的選擇。提供分享器租用服務的業者也很多，東京自由行會前往的地點幾乎都是都會區，不管用哪一家訊號都差異不大。確定出國日期後先上網依預算及需求預約，業者大多提供宅配或機場取用的服務，回國時在機場歸還機器即可。租 wi-fi 分享器的優點是適合多人出遊時共用，或是商務客要分享訊號給筆電、平板電腦使用，缺點是需多帶一台電子設備，且每天都必須記得充電。

申請免費 SIM 卡

　　日本的完美行公司提供赴日旅客免費的 SIM 卡，只要先在台灣下載 APP 並事先預約，就能在成田機場及羽田機場等日本 22 座機場的領取機，掃描手機的 QR code 領到免費的 SIM 卡，手續簡便。完美行的 SIM 卡使用的是日本訊號最廣泛的 docomo 線路，基本流量為 500MB，不夠的話還可利用 APP 付費加購。

Step8：購買旅遊保險

一　如何投保旅遊平安險及不便險？

　　一般來說，刷信用卡購買機票時，就能享有「旅遊平安險」（旅平險）及「旅遊不便險」（不便險）。信用卡持有人旅平險多數僅限搭乘公共運輸期間（飛機起降前後 5 小時）及在機場內的旅行平安保險，因此，在抵達目的地一段時間後就不在受理範圍內。不便險主要包含班機延誤（已經確認之班機延誤 4 小時以上或被取消）、行李延誤（所搭乘之班機抵達目的地 6 小時後尚未領得）

及行李遺失（抵達目的地機場 24 小時後仍未送達）、旅行文件重置費用等情況，即可申請理賠。

　　若想要讓整趟旅程有更全面的保障，可再自費向保險公司選購「旅遊綜合保險」，包括海外突發疾病的醫療費也有給付。投保的方式很簡單，在搜尋網站打上「旅遊險」，就可以找到許多產險公司提供的服務。只要填寫基本資料、出國時間，並依照自己期望的保障項目與額度來投保，然後直接線上刷卡即可。如果直到抵達機場的出發前一刻才想到要保旅遊險，也可以向機場內的保險公司櫃台購買，投保後立刻生效，讓旅行更多一份保障。

　　近幾年日本天然災害頻發，特別是颱風容易生成的夏季，飛機停取消的情況很常見，不便險更顯得重要。以富邦產險為例，一旦因天災（颱風、地震）導致延誤超過一定時數，可自由選擇定額給付 5,000 元（免收據），或是實支實付 25,000 元（需檢附餐食費用、交通費用及住宿費用之收據），對自由行來說，遇到飛機取消就不需要擔心衍生的住宿及重新購買機票的費用。

一 買保險要注意哪些？

想要獲得信用卡持有人旅平險及不便險，各家銀行通常會規定必須以承保信用卡支付各被保險人之機票全部票款（或 80% 以上的團費）才能享有，由於保額及內容依發卡銀行及卡別有不小的差異，建議先至持卡銀行網站查詢。至於不便險，大家最想要有的飛機延誤保障，並不包括自本國出發且在報到前已確認延誤或取消者，且罷工也在除外不保事項。

自行向產險公司購買的「旅行綜合險」所提供的保障較為全面，投保時請注意投保日期應完整涵蓋旅遊期間，且最好是先投保，如果遇到航空公司罷工公告後才投保，因罷工事件造成預定搭乘之班機延誤或因班機取消，將不在理賠範圍。

Step9：行李打包

一 行李要怎麼準備？

建議行李是越簡便越好，真的忘記帶什麼，東京幾乎都買的到，而且出發時行李箱裝太多東西，不就壓縮採購的空間了嗎？尤其搭乘廉航有滿嚴格的行李重量限制，如果沒有加買託運行李，就只能攜帶 7 公斤（或 10 公斤）以內的手提行李登機，很容易就超重，出發前最好先測量重量。

到日本必定要帶的物品，有一個查檢表供大家參考。東京相對比台灣乾燥許多，護唇膏一定會派上用場，L 夾則可以用來保存旅途中值得紀念的票根、御守的紙袋等小物。另外，如要攜帶行動電源記得放在隨身行李，各家航空公司都不受理托運。

☐	護照	☐	保養品
☐	日圓	☐	護唇膏
☐	信用卡	☐	水壺、保溫瓶
☐	手機（充電器）	☐	折疊雨傘
☐	相機（記憶卡、充電器）	☐	家裡鑰匙
☐	常備用藥	☐	旅遊參考資料
☐	換洗衣物、外套	☐	行程計畫筆記本、筆、L 夾

CHAPTER 3

✈

機場

有哪些機場直飛東京？

　　台北松山機場、桃園國際機場、高雄國際機場（小港機場）每天均有直飛東京的航班。

有哪些交通工具可以抵達機場？

　　前往台北松山機場、桃園國際機場、高雄國際機場的交通都很方便，三座機場都有捷運連結，是最推薦的交通方式。

桃園國際機場

捷運

　　搭桃園捷運在 A12「機場一航廈站」或 A13「機場二航廈站」下車，從台北車站 A1 搭車，車資全票 150 元（兒童 120 元），搭直達車的時間分別為 35 及 39 分鐘，普通車則需 49 及 52 分鐘，搭乘華航、長榮等航空公司的班機可於當日航班起飛前 3 小時，在 A1 台北車站或 A3 新北產業園區站預辦登機。

桃園捷運 A13「機場二航廈站」

高鐵

在高鐵桃園站下車後可轉搭桃園捷運 (A18 站)，前往 A13「機場二航廈站」或 A12「機場一航廈站」，車程分別為 16 及 19 分鐘 (僅有普通車)，車資 25 元 (兒童 20 元)，班距是很固定的每 15 分鐘 1 班車。

客運

提供前往桃園機場服務的客運路線頗多，不過客運的路線有時會調整，建議搭乘前再到官網查詢確認。

路線編號	發車地點	行車時間	票價
1819(國光號)	台北車站	55 分鐘	135 元
1840(國光號)	松山機場	50 分鐘	140 元
1843(國光號)	南港展覽館	80 分鐘	140 元
1841(中興號)	松山機場	60 分鐘	93 元
5203(長榮巴士)	民生松江路口	40 ～ 50 分鐘	90 元
1960(大有巴士)	市府轉運站	60 ～ 70 分鐘	145 元
1961A(大有巴士)	聯合醫院和平院區	70~90 分鐘	60 元
1860(國光號)	台中車站	130 分鐘	300 元
1623(統聯客運)	台中車站	130 分鐘	300 元

桃園機場客運

https://www.taoyuan-airport.com/chinese/buses

台北松山機場

捷運

搭乘台北捷運文湖線在「松山機場站」下車，每天首班車於 6:00 於兩個端點站發出，末班車為 00:43(往南港展覽館)及 00:27(往動物園)。

台北捷運
https://www.metro.taipei/

客運

由於松山機場位在市中心，於機場前約 50 公尺設有公車候車亭「松山機場站」，行經停靠的國道客運及市區公車班次不勝枚舉，如要搭乘建議可利用松山機場網站的「機場交通」專頁查詢。

松山機場客運
https://www.tsa.gov.tw/tsa/zh/page.aspx?id=1059

高雄國際機場

捷運

搭高雄捷運紅線在 R4「高雄國際機場站」下車。從高雄車站出發，車程 18 分鐘，單程票價 35 元。小港站及南岡山首班車時間分別為 5:55 及 6:00，搭乘 7:00 前起飛的航班會趕不及報到，必須搭乘計程車或自行開車前往。

高雄捷運
https://www.krtc.com.tw/

高雄捷運紅線

高鐵

在高鐵左營站下車後可轉搭高雄捷運（R16 站），前往 R4「高雄國際機場站」車程 28 分鐘，單程票價 50 元。

客運

高雄客運 9117、林園幹線紅 3、墾丁快線均有停靠高雄國際機場。

可搭乘哪些航空公司前往東京？

　　經營台灣飛往東京羽田機場／成田機場航線的航空公司很多，包括華航、長榮、全日空、日本航空、國泰等傳統航空，以及虎航、樂桃、酷航、捷星等 LCC 廉航，一天之中幾乎不管任何時段都有班機可搭，各家航空公司也都有各自的愛好者。下表是台灣與東京的起降機場及航空公司，要留意的是桃園國際機場有兩座航廈，成田機場更是有三座航廈（T1 ～ T3），購買機票後一定要確認航班在哪個航廈起降，跑錯航廈可是無法登機呢。

台灣	東京	航空公司
台北松山機場	羽田機場	華航、長榮、日本航空、虎航
桃園國際機場第一航廈	羽田機場	虎航、樂桃
桃園國際機場第一航廈	成田機場	酷航（T1）、捷星（T3）、樂桃（T1）、國泰（T2）、虎航（T2）、星宇（T2）
桃園國際機場第二航廈	成田機場	華航（T2）、長榮（T1）、全日空（T1）、日本航空（T2）
高雄國際機場	成田機場	華航（T2）、長榮（T1）、全日空（T1）、日本航空（T2）、虎航（T2）、樂桃（T1）

註：T1、T2、T3 分別指成田機場的第一航廈、第二航廈、第三航廈。

❶ 日本航空 ❷ 酷航

 華航
 長榮
 全日空
 日本航空

 捷星
 樂桃
 星宇
 虎航

如何辦理出境手續？

辦理報到 ▶ 托運行李 ▶ 安全檢查 ▶ 證照查驗 ▶ 登機

1 辦理報到

　　抵達機場後請先利用大廳的螢幕查詢報到櫃台編號。旅客應於航班起飛前 2 個小時向所要搭乘之航空公司報到櫃台辦理完成報到手續，遇到過年或連假旺季期間，桃園國際機場通常會非常塞，建議再提早一點抵達會比較保險，最遲需完成報到的時間以各航空公司規定為準。報到時出示護照即可（電子機票備而不用），如果是家族多人同行可一起報到、取得登機證。沒有托運行李的人可多使用自助報到機，減少報到排隊時間。

機場報到櫃台

2 托運行李

　　如有行李要託運應在報到時同時辦理，取得行李拖運貼紙，請確定行李已通過 X 光機檢查，再離開櫃檯。許多人出國常會攜帶的行動電源請切記不要放在托運行李，以免受罰。

3 安全檢查

　　接著就可以進入出境登機入口辦理安全檢查，身上或隨身行李內所攜帶之液體、膠狀及噴霧類物品的容器，單瓶不可超過 100 毫升，且均應裝在容量 1 公升以內的透明（夾鏈）塑膠袋內（長 ×寬尺寸小於 20 公分，每位旅客僅限攜帶一個），放在置物籃上通過檢查人員目視及 X 光檢查。

4 證照查驗

　　安全檢查後則是出境證照查驗，這時需出示護照及登機證，如有申請自動通關可走 E-Gate。

5 登機

　　通過查驗後就可以到登機口準備登機了，登機前有些人會利用貴賓室，或是逛逛免稅店。

如何填寫入境表單？

從台灣往東京飛行時間約 3 個小時，起飛一段時間後，空服員會開始發給乘客日本入境卡及申告書，請務必記得索取，並撥空填寫。新版的日本入境卡格式較之前的簡化許多，大約 5 分鐘就能寫完，也可以在 Visit Japan Web 上填寫，格式與紙本相同。

❷ 依日 - 月 - 西元年順序填寫出生年月日

❸ 國名：寫「台湾」或「Taiwan」都可以；都市名：寫您居住的城市名，例如「台南」或「Tainan」

❹ 觀光目的：請勾選觀光

❶ 英文姓（與護照相同）英文名（與護照相同）

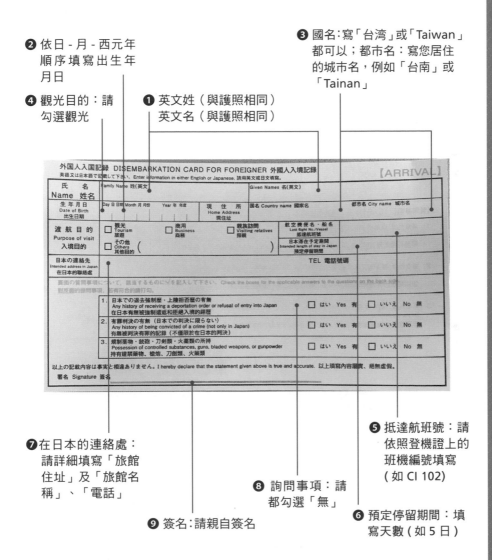

❼ 在日本的連絡處：請詳細填寫「旅館住址」及「旅館名稱」、「電話」

❺ 抵達航班號：請依照登機證上的班機編號填寫（如 CI 102）

❽ 詢問事項：請都勾選「無」

❾ 簽名：請親自簽名

❻ 預定停留期間：填寫天數（如 5 日）

在日本的連絡處是最多人容易疏忽的地方，住旅館的話，請將旅館地址及名稱都填寫清楚，不然在日本海關護照查驗前可能會被請到旁邊再補填完整。

另一張是直式的申告書，要填寫的資料大致相同，僅多了護照號碼、同行家人 (人數) 欄位，換言之，同一家人只要填一張即可，不需每人都寫。申告書詢問的問題請確實勾選，並記得簽名。這張申告書同樣可在 Visit Japan Web 上填寫。

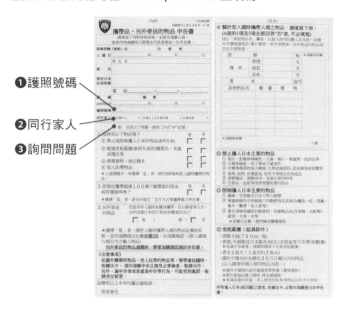

❶ 護照號碼
❷ 同行家人
❸ 詢問問題

如何看懂機場指標？

下飛機不知道該怎麼走，那就跟著同班機的人一起走吧。其實機場的指標相當清楚，以成田機場來說，都有日、英、中（簡體）、韓四國語言，很容易理解。只要順著「到着・国内線乗り続き」的指示順著連絡通道一直走，就可以抵達「検疫」（檢疫），如果身體沒有異狀，請直接走過，不用停留，有腹瀉、發燒症狀者請告知檢疫人員或健康諮詢室。從這裡開始直到「到着ロビー」（到達大廳）前都禁止拍照。

❶ 找到「到着」的指示 ❷ 順著「到着・国内線乗り続き」就可前往入境審查

如何辦理入境手續？

入境審查 → 提領行李 → 植物、動物檢疫 → 海關行李檢查 → 到達大廳

1 入境審查

　　檢疫後接著是通常會費時較久的「入国審查」（入國審查），尤其是跟其他航班同時抵達時。這一區會拉起長長的人龍，請走外國人通道，並遵從指示排隊，可將日本入境卡夾在護照的相片頁，遞給海關人員。這個階段同時要在機器上壓印兩手食指指紋及拍照，完成後護照內頁會被貼上「上陸許可」的貼紙，入境卡會在此時被收回。

2 提領行李

　　對照 LED 螢幕上的航班資訊，找到對應的行李轉盤，確認是自己的行李後，便可領取行李。機場檢疫犬這時會來聞入境旅客的行李，請務必配合檢查。

3 植物、動物檢疫

　　如有攜帶植物（水果、種子、蔬菜等）或動物產品（火腿、香腸等肉製品）入境日本，必須在動植物檢疫櫃台提交規定的證明文件及接受檢查，如果沒有攜帶可直接略過。

4 海關行李檢查

　　攜帶入境的物品如果沒有超過免稅範圍，請走綠色檢查台，同一家人請走在一起，並提交護照及（直式的）申告書給海關人員，有時海關會抽查行李，請務必配合檢查。再往前走出管制區就完成通關手續了。如果是在 Visit Japan Web 線上填寫稅關申告的話，請走數位化專屬櫃台，出關時讓海關掃描 QR code 即可。

5 到達大廳

　　入境手續到此結束，可在到達大廳購買或兌換必要的票券，然後找到鐵道或巴士的指示，前往搭乘交通工具離開機場。

成田／羽田機場的樓層如何分布？

成田機場

　　成田機場共有 3 個航廈 (候機樓)，日文寫成「第 1 ターミナル」、「第 2 ターミナル」及「第 3 ターミナル」，規模依序遞減，其中第 3 ターミナル是廉航（LCC）的專屬航廈。3 座航廈間都有段距離，請留意抵達及登機的航廈。

❶ 成田機場 ❷ 成田機場第 2 航廈出發大廳

	第 1 ターミナル（T1）	第 2 ターミナル（T2）	第 3 ターミナル（T3）
5F	餐廳、商店、瞭望台	-	-
4F	出發大廳（辦理登機手續航空公司櫃檯）、餐廳商店	餐廳商店、參觀平台	（連絡空橋）
3F	出境審查、出發大廳、登機口、免稅購物區	出發大廳 (航空公司辦理登機手續櫃檯)⇨出境審查、出發大廳、登機口、免稅購物區	出境審查、登機口、免稅購物區
2F	停車場、連絡通道	停車場、連絡通道	報到櫃檯、餐飲區、商店⇨國際 (內) 線安全檢查、登機口
1F	到達大廳，巴士乘車處	到達大廳，巴士乘車處	到達大廳、巴士乘車處
B1	鐵道／JR、京成電鐵成田機場站	鐵道／JR、京成電鐵機場第 2 大樓站	-

註：紅字為管制區，須完成登機手續及安檢後才能進入

成田機場
https://www.
narita-airport.jp/jp/

羽田機場

羽田機場是全日本最繁忙的機場，每年利用的旅客數在世界上也名列前茅。羽田機場共有兩座國內線航廈（国内線旅客ターミナル），以及一座國際線航廈（国際線旅客ターミナル），電車也分為三站停靠。

國際線航廈	
5F	Tokyo Pop Town
4F	江戶小路（餐廳商店）
3F	鐵道／羽田機場國際線大樓站。出發大廳（航空公司辦理登機手續櫃檯）→出境審查、出發大廳、登機口、免稅購物區、餐廳
2F	入境大廳。鐵道／羽田機場國際線大樓站。登機口
1F	入口廣場，巴士乘車處。登機口

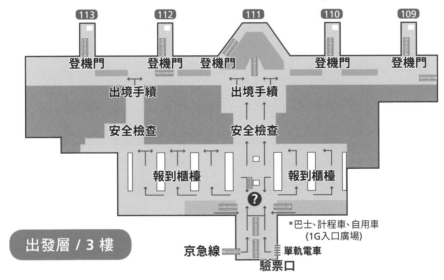

113 112 111 110 109

登機門　登機門　登機門　登機門　登機門

出境手續　　出境手續

安全檢查　　安全檢查

報到櫃檯　　報到櫃檯

?

*巴士、計程車、自用車
（1G入口廣場）

出發層／3樓

京急線　　　單軌電車
驗票口

❶ 羽田機場出發大廳　❷ 羽田機場江戶小路（攝影：岡林涉）

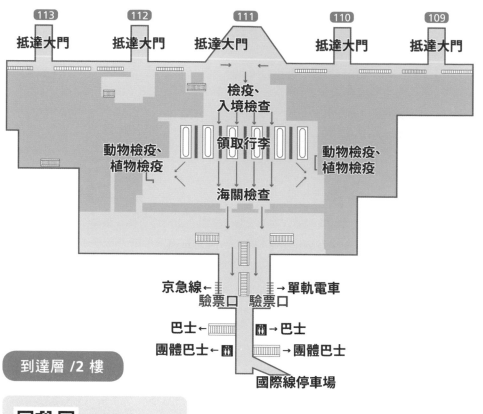

113	112	111	110	109
抵達大門	抵達大門	抵達大門	抵達大門	抵達大門

檢疫、
入境檢查

動物檢疫、
植物檢疫

領取行李

動物檢疫、
植物檢疫

海關檢查

京急線← →單軌電車
驗票口　驗票口

巴士← →巴士
團體巴士← →團體巴士

國際線停車場

到達層 /2 樓

羽田機場
https://tokyo-
haneda.com/

豆知識：
羽田機場已經連續數年，得到世界最乾淨機場的殊榮，共有七百位清潔人員，仔細維持航廈的整潔。在第 1 航廈 1 樓入境大廳中央附近，有一座「羽田航空神社」，除了守護飛航安全，對於保佑考生金榜題名也很靈驗。

如何從成田機場第 3 航廈前往第 2 航廈？

　　JR 及京成電鐵兩間鐵道公司在成田機場的第 1 航廈（T1）、第 2 航廈（T1）均有設站，且無論任何車種都會停靠，非常方便，不過如果搭乘廉航抵達第 3 航廈，必須到第 2 航廈才能搭乘鐵道，這時請順著指示走到航廈 1 樓外面聯絡巴士乘車處，搭乘前往第 2（或第 1）航廈的免費「連絡バス」（接駁車），大約每 4～7 分有一班車，車程約 3 分鐘，亮黃色的塗裝，車身寫著大大「ターミナル連絡バス」字樣，辨識度很高。

　　專供廉航使用的第 3 航廈有一項特殊設計，地上漆成猶如標準田徑場跑道的顏色，共有紅、藍兩種顏色，紅色跑道用來引導旅客前往第 2 航廈，距離約 300 公尺，跑道非常平整，即便拖著行李，也一定能在 10 分鐘以內走完。反過來說，如果從市區搭乘 JR 或京成電鐵抵達第 2 航廈後，只要順著藍色跑道，就能順利走到第 3 航廈搭乘廉航。

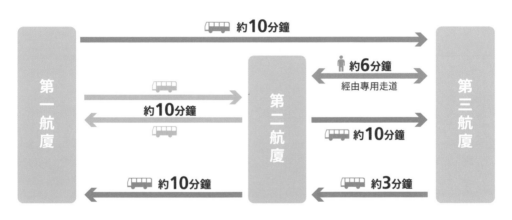

順著第 3 航廈紅色跑道就能走到第 2 航廈

如何從成田機場前往市區？

旅客抵達成田機場出境後，可利用電車或巴士前往東京市區。

一　電車

無論搭乘 JR 或是京成電鐵都同樣的方便。提領完行李出關後，從航廈 1 樓到達大廳順著指標，前往位在 B1F 的車站，第 1 航廈的站名是「成田空港駅」（成田機場站），第 2 航廈是「空港第 2 ビル駅」（機場第 2 大樓站），在自動售票機購票即可搭車。

● 成田特快

搭乘 JR 主要有兩種車次，重視時間的話，「成田特快」（成田エクスプレス，簡稱 N'EX）是不二選項，不用轉乘，只需 1 小時就能從成田機場直達東京車站，之後會再停靠品川、澀谷、新宿、池袋等站，最遠可到達神奈川縣的橫濱及大船，快速的代價是票價也相對較高，到東京就要 3,270 日圓。JR 東日本為海外旅客推出一款「N'EX 東京去回車票」，只要 4,070 日圓（兒童 2,030 日圓）就能往返成田機場到東京首都圈主要城市各一趟，效期為 14 天。

● JR 成田線快速

如果不趕時間，可以考慮「JR 成田線快速」，時間拉長半小時，約 90 分鐘可抵達東京，有時會需要轉乘，票價為 1,340 日圓。

● 京成電鐵 Skyliner

京成電鐵的「Skyliner」（スカイライナー）最高時速是日本在來線最快的 160 km/h，最快 36 分鐘能到「日暮里」，41 分鐘就可抵達終點「京成上野駅」，2,570 日圓的車資也比成田特快便宜許多。

> Tips 　在成田機場第 1、2 航廈與 JR 共用車站的「京成電鐵」屬於私鐵，不過在機場連絡的競爭力可一點都不輸 JR。如安排住宿位於上野周邊，優先推薦搭乘京成電鐵。

- 京成本線特急

　京成電鐵也有平價的選項，想節省車資可選擇「京成本線特急」，名稱雖有「特急」，卻毋需額外支付特急料金，只要 1,050 日圓，同樣能前往京成上野站，乘車時間大約 80 分鐘。

- Access 特快

　京成電鐵還提供「アクセス特急」（Access 特快）的服務，以成田及羽田兩大國際機場為起訖點，最大特色是從成田機場出發抵達「押上駅」後，開始利用都營地下鐵淺草線的軌道，並逐站停靠，因此要直接前往淺草、日本橋、東銀座等地點，這是最方便的車種，不用再換車，而且車資比成田特快及京成電鐵 Skyliner 便宜，唯一小缺點是班次略少，大約 40 分鐘才有一班，且有些班次僅開往京成上野（通常是下午 6:00 以後的車次），搭乘時要留意。

　如果住宿在新橋、東銀座、日本橋、人形町、淺草一帶，推薦可多利用 Access 特快，能減少換車的困擾。

成田特快
https://www.jreast.co.jp/tc/nex/

京成電鐵
http://www.keisei.co.jp/keisei/tetudou/skyliner/tc/index.php

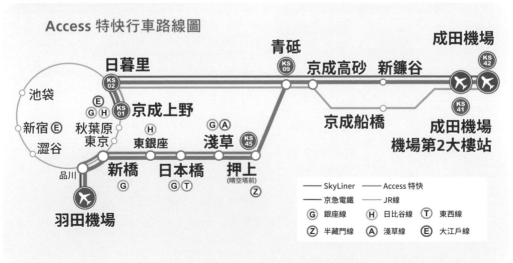

Access 特快行車路線圖

巴士

　　比電車更便利的移動方式。成田機場各航廈到達大廳均設有巴士車票的販售櫃台（可認明「京成バス」），購票後到 31 號（第 1 航廈），或 2 號、19 號（第 2 航廈），或 1 號乘車點（第 3 航廈）搭車，即可前往東京車站或是銀座。有多家巴士業者聯營，因此班次相當密集，每 20 分鐘就有一班車，到東京車站的行車時間最快約 65 分鐘。

❶ 巴士販售櫃台 ❷ 京成巴士

 京成巴士
http://www.keiseibus.co.jp/

 Airport Bus TYO-NRT
https://tyo-nrt.com/

成田機場前往市區的交通方式

交通方式	車程	票價	特色
成田特快 N' EX	到東京車站約 1 小時	4,070 日圓（使用 N'EX 東京去回車票）3,270 日圓（單程）	可直達東京，不用轉車
JR 成田線快速	到東京車站約 1.5 小時	1,340 日圓	價格實惠，不用劃位，使用 IC 卡即可搭乘
京成 Skyliner	到京成上野站約 41 分鐘	2,520 日圓	可直達京成上野，班次眾多
京成本線特急	到京成上野站約 80 分鐘	1,050 日圓	價格便宜，不用劃位，使用 IC 卡即可搭乘
京成 Access 特快	到東銀座約 70 分鐘	1,350 日圓	可直接前往地下鐵淺草線沿線車站，不用換車
京成巴士（Tokyo Shuttle）	到東京車站最快約 65 分鐘	1,300 日圓	不用上下車站月台

如何從羽田機場前往市區？

相較於遠在千葉縣的成田機場，位在大田區的羽田機場距離東京市中心近了許多，機場聯外交通更是便利。

一　電車

可利用與羽田機場國際線航廈直接連接的「京急電鐵」及「東京モノレール」（東京單軌電車）。京急電鐵的站名是「羽田空港第 3 ターミナル駅」（羽田機場第 3 航廈站），搭乘空港線快特最快只要 11 分鐘就可以抵達品川站，可在此站轉乘 JR 山手線，搭乘急行列車前往橫濱也僅需 28 分鐘。

東京單軌電車的站名同樣是「羽田空港第 3 ターミナル」（羽田機場第 3 航廈站），平均 4～5 分鐘就有一班車，前往「單軌電車濱松町站」最快只要 13 分鐘即能抵達，並可在此轉乘 JR 山手線、京濱東北線、都營地下鐵淺草線及大江戶線（大門駅）。

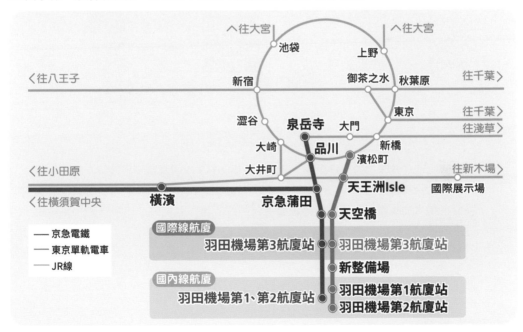

豆知識：
東京單軌電車於 1964 年開業，為了配合當年舉辦的東京奧運而建造，營業里程 17.8 公里，最高時速可達 80 公里。

一 巴士

　　要搭乘京濱急行巴士可在 2 樓入境大廳的巴士車票櫃台或 1 樓入口廣場的巴士車票自動售票機購票。往東京車站在 1 號乘車點搭車，往新宿方面在 3 號乘車點，前往兩處的行車時間都約 50 分鐘。由於羽田機場往市區的路線及班次眾多，是許多日本人往返機場經常使用的交通方式。

羽田機場前往市區的交通方式

交通方式	車程	票價	特色
京急電鐵	到品川車站 11 分鐘	300 日圓	車資便宜
東京單軌電車	到單軌電車濱松町站 13 分鐘	500 日圓	班次非常密集
巴士	到東京車站約 50 分鐘	1,000 日圓	可不用轉車直達目的地

京急電鐵
https://www.haneda-tokyo-access.com/tc/

東京單軌電車
http://www.tokyo-monorail.co.jp/

人臉辨識登機

　　為了因應日亦增加的訪日旅客，日本海關從 2019 年中開始，已陸續在各大機場導入「人臉辨識閘門」（認証ゲート），外國人在出境時，只需將護照資料頁翻開放在指定的區域，接著讓機器拍攝臉部照片認證，就能完成出境審查，手續變得更加迅速便利。

京急電鐵 1000 型電車

東京交通、票券

認識東京的鐵道系統

東京有哪些常用的鐵道？

　　首都圈的鐵道系統是出了名的複雜，路線數量高居世界之最，有 42 條 JR 路線、91 條私鐵路線、15 條地下鐵（含橫濱市營地下鐵），每天超過 4 千萬人次搭乘，不光是台灣人，連東京以外的日本人都不一定會搭，密密麻麻的路網也成為東京自由行入門的第一個門檻，不過往好的方面想，如果能克服了東京這道魔王關卡，日後到日本其他城市旅行都會覺得當地的交通很簡單！

　　其實也沒有必要將所有的鐵道路線都研究的一清二楚，只需要掌握東京自助旅行最常用的「東京地下鐵」（東京メトロ，以下均稱為東京 Metro）、「都營地下鐵」（都営地下鉄），以及 JR 山手線等幾條路線即可。

　　行前強烈建議先列印東京 Metro「詳細版路線圖」，以及「JR 東日本主要鐵道路線圖」好好研究一下，如此將可以對各條路線及東京都內主要地點的相對位置有基本的概念。

東京都心的交通大動脈之一 JR 山手線

JR東日本主要鐵道路線圖
https://www.jreast.co.jp/tc/downloads/index.html

都營地下鐵
https://www.kotsu.metro.tokyo.jp/ch_h/

東京Metro詳細版路線圖
https://www.tokyometro.jp/station/rosen_shosai_201904.pdf

東京Metro
https://www.tokyometro.jp/

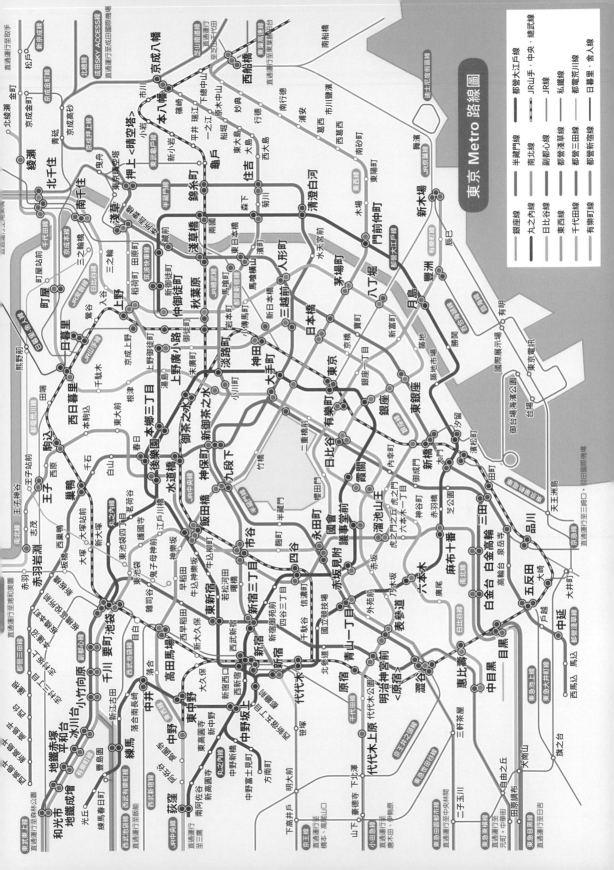

如何搭地下鐵或 JR ？

首都圈的地下鐵及 JR 都採自動收費，如同在台灣搭乘捷運一樣，只要購買一張專屬的交通系電子票證，如 Suica 或 PASMO，加值後就可以感應閘門進站搭車。東京的鐵道系統閘門還有在使用紙票及磁卡，在自動售票機購買的單程票是紙票，出站時機器會回收，磁卡則通常作為一日乘車券之用。

❶ JR 東日本的自動閘門 ❷ 東京地下鐵及 JR 均採里程計費

鐵道的收費方式為何 ？

在東京，無論是地下鐵或 JR 都採里程計費，搭的距離越遠車資就越高。前面提到的三大系統票價結構均不相同：

	東京 Metro	都營地下鐵	JR
起程票價	180 日圓（178 日圓）	180 日圓（178 日圓）	150 日圓（146 日圓）
最高票價	330 日圓（324 日圓）	430 日圓（430 日圓）	-

（）內的數字表示使用 IC 卡的票價。

> **Tips** 在台灣習慣以前站、後站來區分台鐵車站的出口，日本不這樣稱呼，而是以方位或地點來命名，例如新宿就以方位區分，稱為東口、西口、南口、新南口，東京車站主要分為八重洲口、丸之內口，事先掌握好名稱才不會走錯出入口。至於地下鐵則多以數字或英文字母加數字為出入口編號。

車站常見字是什麼意思？

日文	唸法	中文
駅	eki	車站
当駅	toueki	本站
きっぷ	kippu	車票
改札	kaisatsu	剪票口
改札階ゆき	kaisatsukaiyuki	往剪票口樓層
1番線	ichiban sen	1號線
行先	yukisaki	目的地
のりば／ホーム	noriba／homu	月台
方面	hōmen	往～方向
IC カード	IC card	IC 卡
チャージ	charge	加值
運賃	unchin	車資
精算機	seisanki	補票機
連絡通路	renrakutsuro	連絡通道
1号車1番ドア	ichigoshaichiban doa	第1車廂1號門
エスカレーター	esukareta	手扶梯
エレベーター	erebeta	電梯
のりかえ（乗り換え）	norikae	轉乘
おトクなきっぷ	otokunakippu	划算的車票
運転見合わせ	untenmiawase	列車暫停行駛
運休	unkyu	（列車）停駛

如何看懂車站發車資訊看板？

　　搭乘 JR 時，進入改札（閘門）後首先會看到列車資訊看板，請一定要停下腳步仔細看一下，許多大站，例如東京、上野、新宿、池袋等站體內均匯集多條路線，不事先確認絕對找不到乘車月台。要確認的資訊有發車時間、車種（特急、快速、各停）、列車開往的目的地（或方向），以及幾號月台。

　　搭乘地下鐵相對簡單許多，由於班次密集的關係，不太需要確認時刻，只要找對路線，然後到月台前確認在哪一側搭車即可。月台上的看板會顯示「先発」（本班）及「次発」（下一班）車次的發車時間、共幾個車廂（如 10 両編成），以及前往目的地，有時會發現顯示的目的地不在地下鐵路網圖上，這是因為直通運轉的關係。

❶ JR 進入改札後要先看列車資訊看板 ❷ 依指示找到正確發車月台 ❸ 地下鐵需先確認要搭乘的路線，依箭頭方向前進 ❹ 地下鐵月台上的資訊看板

豆知識：
西武鐵道標示發車順序比較特別，採用「こんど（這一班）
つぎ（下一班）そのつぎ（再下一班）そのあと（在此之後）」
等詞彙，與其他鐵道不同。

什麼是直通運轉？

　　首都圈密集的鐵道路網由多家業者組成，路線不但大多互相連接，許多設備或車輛等規格也相同，因此構成了列車可以相互駛入同業所經營路線的條件，尤其是地下鐵與郊外私鐵的串連更是普遍，旅客不用換車就可以一路搭到目的地，東京 13 條地下鐵中，僅銀座線、丸之內線及大江戶線沒有直通運轉服務，這對台灣來說是很不可思議的鐵道運轉模式。

　　舉例來說，都營地下鐵淺草線在終點押上駅與京成電鐵的「押上線」及「京成本線」連接，可一路往千葉的方向行駛；東京 Metro 東西線開抵中野駅並交換司機員後，隨即直接駛入「JR 中央線」並開往三鷹；2008 年開通的東京 Metro 副都心線連結了「東武東上線」、「西武有樂町線・池袋線・秩父線」、「東急東橫線」與「橫濱高速鐵道みなとみらい線」共五家鐵道事業，成為連接埼玉縣、東京都與神奈川縣，以及池袋、新宿與澀谷三大副都心的鐵道路線，乘客從埼玉縣搭車來到澀谷後不用換車，就能一路搭到橫濱，東京 Metro 在通車時就以「つながる」（連繫）作為對外宣傳口號。2023 年 3 月通車的「相鐵・東急新橫濱線」更是將直通運轉發揮到極致，一口氣將首都圈 7 家鐵道公司、14 條路線串連起來，例如從神奈川縣的湘南台上車，不用轉乘，一車就能抵達埼玉縣的川越市，非常方便，減少了轉車次數，對於通勤時間節省有很大幫助。

　　不過這項便利的服務卻容易讓不熟悉東京鐵道的外國人感到困惑，比如說地下鐵路網圖上，紫色的「半藏門線」最西側端點站明明是澀谷，然而要搭往澀谷方向的車時，總是看到進站的電車車身及月台資訊看板顯示往「中央林間」，一個在路網圖上完全找不到的謎樣車站，真的會讓人猶豫該不該上車。其實提供直通運轉服務的系統，包括日比谷線、半藏門線、南北線以及都營淺草線，電車在駛入地下鐵營運範圍之後，會各站皆停，車身的「急行」字樣是出了地下鐵範圍後才會依車種而有不同停靠模式，所以就安心上車吧。

　　當然也有例外，在東京 Metro 的部分，東西線的快速及通勤快速、千代田線的「特急ロマンスカー」（小田急的觀光列車 Romancecar，需另購買特急券）、有樂町線的「S-TRAIN」（全車指定席，平日行駛），以及副都心線上的「F ライナー」、「S-TRAIN」（週末行駛）與「通勤急行」等車種，在地下鐵的營運範圍內會略過一些車站不停靠。另外，都營地下鐵新宿線本身就有急行車種運行，採蛙跳的方式停靠大站，搭這幾條路線時須稍微留意一下。

直通運轉往中央林間電車（半藏門線）

如何查詢時刻表和票價？

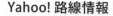

Yahoo! 路線情報

在安排行程階段，可利用日本的「Yahoo! 路線情報」網站來查詢列車發車時刻及票價。例如從抵達成田機場後，預訂搭乘 11:00 左右的電車前往東京，在「出發」輸入「成田空港駅」，「到著」輸入「東京」，選擇日期與時間，按下「檢索」，就可以查出建議車次方案。

網站很貼心的分成「早」（最快抵達目的地）、「楽」（轉車次數最少）、「安」（最便宜）等三種呈現方式，可依自己的需求選擇，對於首都圈複雜鐵道系統感到苦惱的人，可以多參考利用「楽」的方案，減少轉乘次數，避免搭錯車。

Yahoo!路線情報

https://transit.yahoo.co.jp/

東京 Metro 票價查詢

除了可用上述同樣的方法查詢東京 Metro 的票價外，在東京 Metro 的官網也能查詢票價及時刻票，輸入出發／抵達車站，並選擇日期、時刻即可。

此外，網路上也有地圖式的查詢工具，只要點選所在車站，路網圖上就會顯示時刻表以及前往其他各站的票價，很簡單直覺，不過僅能查詢單一系統，要查跨系統的資訊還是要用正統的乘換案內網站。

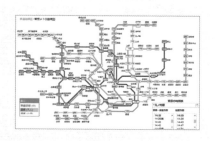

東京Metro票價查詢
（非官方）

https://jp.piliapp.com/japan-railway/tokyo-metro/

東京Metro票價查詢
（官方）

https://www.tokyometro.jp/transit/index.php

如何利用 APP 查詢要搭的車次？

　　來到東京旅遊建議手機一定要下載一個提供乘換情報的 APP：Japan Transit Planner。利用 APP 查詢車次和用網頁查詢方法完全相同，只要在上下 2 個欄位分別輸入起訖站、選擇時間，即可查詢車次，查詢結果也可以分享給同行的家人朋友。

看不懂日文該如何購買車票？

JR 的售票處（みどりの窗口）

　　到東京自助旅行時向車站人員買票的機會並不多，因為只要有張 Suica 或 PASMO 並儲值足夠金額，就不需每一趟都買票。更推薦在指定地點購買「Tokyo Subway Ticket」（見 P84），就可以無限暢遊東京 13 條地下鐵路線，免除計算車資的困擾。

　　要買 JR 指定席車票時（如購買從市區到成田機場的成田特快 N'EX 車票），請找到車站內的「售票處」（みどりの窗口），將想搭乘的車次寫在紙上或出示手機查詢的結果就可以了，車站人員也都具備基本的英語能力，可用簡單英文來溝通。

如何使用自動售票機？

購票

JR 系統

❶ 利用車站內自動售票機上方路網圖，請先確認從本站到目的地的票價。

❷ 後點選自動售票機螢幕上的「きっぷ」，或左側最上方的「JR きっぷ」，不熟悉日文的話可以先按右上的「English」，將畫面轉成英文。

❸ 點選方才確認的車票金額，因為計費區間很多的關係，會有滿滿的金額選項，請不要按錯了。

❹ 選定後再投入紙鈔或硬幣後即可。日本的自動售票機設計很人性化，硬幣不需一枚一枚投入，可以一次同時放入好幾枚，紙鈔也是如此。最左側有一排實體按鈕，可以最多同時買 4 人份，完成後紙票就會從左下方跑出來了。

❶ 利用路網圖確認票價 ❷ 點選きっぷ及要購買的票價，再放入紙鈔或硬幣

地下鐵

❶ 同樣利用自動售票機上方路網圖查詢票價。

❷ 點選「きっぷを買う」後螢幕上會出現各區間金額。

❸ 正確點選後投入硬幣或放紙鈔。

❹ 拿到單程票。

きっぷを買う

❶ 利用自動售票機上方路網圖查詢票價 ❷ 點選きっぷを買う ❸ 點選正確的金額

━ 購買 IC 卡及加值

Suica 或 PASMO 也是透過自動售票機就能買到。在 JR 的車站只能買到 Suica，PASMO 則在地下鐵站內售票機購買，兩種 IC 卡販售通路有別，不過要加值的時候，雙方的自動售票機都接受對方的 IC 卡。購買步驟如下：

❶ 點選自動售票機「Suica の購入」，會出現 1,000～10,000 日圓不同金額的 6 種選項。（每種金額均內含 500 日圓押金，例如購入 1,000 日圓的 Suica 時，僅 500 日圓為可用金額，另外 500 日圓是押金）

❷ 點選要購買的金額票種。

❸ 取卡。

點選螢幕左下角「Suica の購入」

❶ 先插入 IC 卡　　　　　❷ 點選「チャージ（入金）」

❸ 點選要加值的金額　　　❹ 放入紙鈔

❺ 完成加值後 Suica 會自動退出

❶ 點選「チャージ（入金）」❷ 點選要加值的金額 ❸ 放入紙鈔

進站需要注意什麼？

　　請選擇正確的閘門進站。持 Suica 或 PASMO 任何一個閘門都能使用，只要輕觸寫著「IC」的藍色感應區就可以進站，由於東京當地人幾乎都使用 IC 卡，因此鐵道業者將半數以上的閘門改為 IC 專用，從外觀就可以清楚辨識，使用紙票或磁卡（如 Tokyo Subway Ticket）時請不要誤走 IC 專用通道，會找不到投入口，這在通勤時間尤其恐怖，只見上班族或學生每個人都熟練優雅的快速通過閘門，輪到持紙票（或磁卡）的自己要進閘才發現走錯閘門，突如其來的後退動作很容易跟後面的人撞在一起。

　　如果票卡感應有問題，請走人工通道洽站務人員協助處理。

IC 卡專用通道

我該前往哪個月台搭車？

— JR

在大站乘車時會比較複雜些，進閘門後請先仔細看一下電子看板，確認要搭乘的車次、發車時間、月台編號，以及這輛車是由幾節車廂組成，再前往乘車月台。

— 地下鐵

進入車站請依照車站標示的路線和方向指示尋找乘車月台。下到月台前請再抬頭看一下路線圖，確認月台號碼，如此才不會搭錯方向。

我該坐哪個車廂？

搭乘 JR 特急以下車種（如快速或普通電車）及地下鐵時，可不用太在意搭乘哪個車廂，基本上每個車廂都可以搭乘，建議可以走到離開電扶梯一些距離的位置以分散乘車。月台的地面上或月台門會標示對應的車廂，由於不同時段電車的編成車廂數會有所調整，月台的行車資訊系統也會標示來車是幾輛編成，就可避免站在不會有車廂停靠的位置。

在東京搭電車，特別是尖峰時段，排成三列候車是基本常識，列車抵達後，要站到車門兩旁讓車上乘客先下車，再依序上車，切勿在有人還在下車的同時就急著上車，下場可能是會被撞出車門，插隊更是禁忌行為。如果趕不及上車請不要衝撞車門，就等候下一班車吧。

❶ 月台門標示對應的車廂 ❷ 地上有排三列的標示 ❸ 月台行車資訊標示來車由幾個車廂組成

━ 女性專用車

　　為了在早上通勤通學的尖峰時段讓女性及小學以下的乘客有個可以安心搭乘的環境，東京 Metro 的日比谷線、東西線、千代田線、有樂町線、半藏門線、副都心線，以及都營新宿線會在車頭或車尾設置一節「女性專用車」，男性最好到其他車廂搭乘，以免被誤認為是癡漢。

━ 綠色車廂

　　如同台灣高鐵的商務車廂，在車身上會有明顯的綠色四葉草標示。JR 東日本部分普通列車設有綠色車廂，均為指定席，必須再購買「グリーン券」才能搭乘。

JR 東日本部分普通列車設有綠色車廂

━ 弱冷房車

　　車內冷氣設定的溫度比其他車廂高，大約是 27 度，在 10 或 11 輛編成的通勤形式電車中，通常為 4 號車廂，不喜歡冷氣溫度太低的人可以到這個車廂搭乘。

我怎麼知道要下車了？

　　在電車車廂內會廣播下一站的站名及哪一側的車門會開啟，車門上的 LED 螢幕（部份車輛除外）會提供更詳細的資訊，包括接下來還有幾站、乘車時間、轉乘資訊，以及目前所在車廂對應即將到站的月台位置，稍加留意就知道何時該準備下車。

　　尖峰時段許多區間的乘車率會高達 200%，身體會產生很大壓迫感，非常擁擠，列車停靠時如果還沒有要下車、又碰巧站在車門附近時，絕對要先走到車外禮讓車內旅客下車，千萬不要天真以為側身讓人通過就可以，東京通勤時段的電車就像戰場，上班族可是一點都沒在客氣的，不識相的站在車門附近保證會被一股龐大的力量撞飛出來。正確作法是先走出車外，等候車上的人都下車後再與月台上的乘客依序進入車廂。

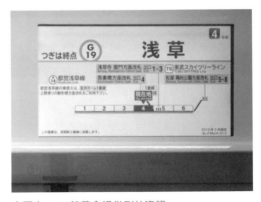

車門上 LED 螢幕會提供到站資訊

出站時有什麼要注意？

　　下車後請先在月台的地下鐵資訊看板查詢出口編號以及出口方向，以免白走許多冤枉路，特別像是東西線、千代田線、有樂町線、半藏門線的電車都長達十節，一旦走錯方向會離目的地越來越遠

　　持 IC 卡接觸自動改札機的感應區，或將紙票投入閘門的剪票口即可出站，車票會回收。與台灣搭乘捷運最大不同的是在日本搭電車時，一旦卡片內餘額不足就無法出站，必須先到「精算機」（補票機）補票，這台機器在每個自動剪票口附近都會設置，將 IC 卡插入補票機後，會顯示出不足金額，這時就直接加值吧。

　　如果是使用紙票搭乘超過票面的區間，同樣請到精算機補足差價，這時機器會列印一張新車票，再將兩張車票同時放入剪票口後便可出閘門。

　　走出閘門後可以看到站內都設有黃色底的「出口案內」，能幫忙旅客確認目的地的出入口編號。東京 Metro 站內的文宣架是資料的寶庫，架上有路網圖及各項最新情報資訊，可補事前資料蒐集的不足，是東京自由行老手絕對不會錯過的地方，站內牆壁上精彩的廣告也往往包含著深度旅遊資訊，不妨停下腳步看看。

❶ 月台的資訊看板 ❷ 精算機 ❸ 出口案內可幫忙確認目的地 ❹ 東京 Metro 站內的文宣架

我需要買 JR PASS 嗎？

　　就算沒到過日本旅遊，應該或多或少也聽過「JR Pass」的大名。全名是「Japan Rail Pass」的「日本鐵路通票」，是一張提供給從日本國外以「短期滯在」入境、以觀光為目的到訪日本的外國遊客的一張優惠票券，可以搭乘日本全境由 JR 經營的各級電車，包括新幹線（部分車種除外），分為 7 日、14 日和 21 日不同使用效期，在期限內可不限次數搭乘使用。Japan Rail Pass 固然方便，但在東京自助卻幾乎派不上用場，因為在東京都內大多是短距離的移動，即便遠一點到神奈川縣的橫濱、藤澤，單程票價也僅要 1 千日圓左右，相較於最低也要超過 5 萬日圓的售價，不管怎麼搭都不會是一張划算的票券。

覆蓋範圍	全日本 JR 路線、JR 巴士公司的各地方路線、JR 西日本宮島渡輪
適用遊客	大範圍移動的短期逗留旅客
注意事項	搭乘新幹線「Nozomi」、「Mizuho」等車種需另外加價
票　價	7 日、14 日和 21 日普通車廂票價分別為 50,000 日圓、80,000 日圓、100,000 日圓

我需要買 JR 東京廣域周遊券嗎？

　　限定範圍的周遊券會比較適合都會區旅行。JR 東日本發行的「JR 東京廣域周遊券」雖然不像「Japan Rail Pass」可以全日本走透透，但依然搭乘東北新幹線部分路段，使用範圍遍及富士山、伊豆、輕井澤、越後湯澤及水戶等地，價格只要 10,180 日圓，是遠優於 Japan Rail Pass 的選擇。

覆蓋範圍	富士山、伊豆、輕井澤、越後湯澤及水戶等地
適用遊客	想以東京為據點，當日往返河口湖（富士山）、日光的旅客；或想要前往輕井澤、草津、伊豆等溫泉勝地的旅客。
注意事項	無法用於搭乘東海道新幹線
票　價	15,000 日圓，6～11 歲兒童 7,500 日圓

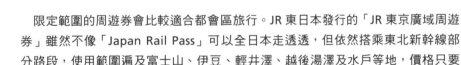

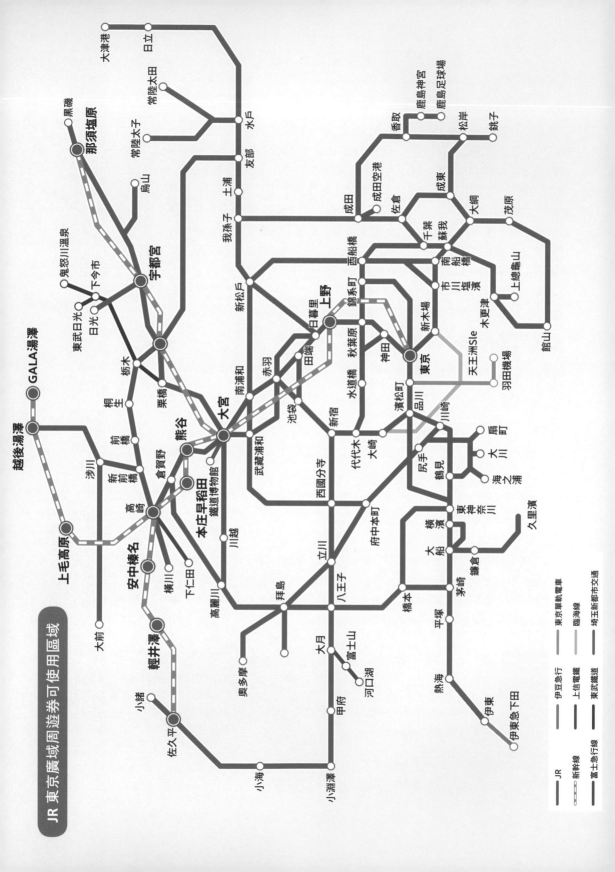

JR 東京廣域周遊券可使用區域

大津港　日立　常陸太田　黒磯　鹿島神宮　鹿島足球場

那須塩原　常陸大子　鹿島　香取　松岸　銚子

烏山　水戸　友部　松岸　成東

鬼怒川温泉　宇都宮　土浦　成田　成田空港

GALA湯澤　下今市　栃木　我孫子　佐倉　千葉　大綱　茂原

東武日光　日光　新松戸　西船橋　蘇我

越後湯澤　栃木　赤羽　日暮里　上野　錦糸町　南船橋　上總龜山

桐生　栗橋　南浦和　田端　秋葉原　神田　新木場　木更津

大宮　池袋　水道橋　東京　天王洲Sle　館山

前橋　新宿　代代木　濱松町　羽田機場

上毛高原　新前橋　熊谷　武藏浦和　大崎　品川　川崎　烏町

澁川　倉賀野　西國分寺　新宿　大川　海之浦

安中榛名　高崎　鐵道博物館　本庄早稻田　川越　立川　府中本町　東神奈川　久里濱

橫川　下仁田　高麗川　八王子　橋本　大船　橫濱　鎌倉

大前　輕井澤　拜島　大月　富士山　河口湖　茅崎　平塚　熱海　伊東

小諸　佐久平　奧多摩　甲府　小海　小淵澤　伊東急下田

JR　新幹線　富士急行線　東京單軌電車　上信電鐵　臨海線　伊豆急行　東武鐵道　埼玉新都市交通

━ JR 東京廣域周遊券購買與換取

JR 東京廣域周遊券原先只在日本當地販售，符合購買資格的旅客可以在「JR EAST Travel Service Center」（成田機場第 1、第 2、第 3 候機樓站、單軌電車羽田機場第 2、第 3 航廈站、東京站、新宿站、濱松町站、澀谷站、上野站、池袋站）購買並直接開票使用。JR 東京廣域周遊券原先只在日本當地販售，符合購買資格的旅客可以在「JR EAST Travel Service Center」（成田機場第 1、第 2、第 3 候機樓站、單軌電車羽田機場第 2、第 3 航廈站、東京站、新宿站、濱松町站、澀谷站、上野站、池袋站）購買並直接開票使用，現在亦可透過 JR 東日本網路訂票系統購買，抵達日本後再到上述車站兌換領取，兌換時須出示護照。JR 東日本的「指訂席售票機」也提供取票服務（需掃描護照）。

JR東京廣域周遊券
https://www.jreast.co.jp/tc/
tokyowidepass/

JR 東日本旅行服務中心

━ 購買 JR 東京廣域周遊券行程注意事項

JR 東京廣域周遊券可不限次數乘坐區域內的新幹線、特急列車等普通車指定和自由座席，冬天還可以前往 GALA 湯澤滑雪場。這張票券可以搭乘的範圍真的很廣泛，但不建議 3 天都安排長距離移動，才不會耗費過多時間在搭車移動上，反而壓縮到在各景點遊玩的時間了。

━ JR 東京廣域周遊券的優點和缺點

• 最大優點

東京廣域周遊券最大優點就是很超值，在 3 天裡可不限次數乘坐區域內的新幹線、特快列車，以東京到渡假勝地輕井澤來說，來回新幹線指定席車資就足以讓這張車票回本，往返一趟伊豆也是如此，而且持周遊券還能至 JR 東日本旅行服務中心、JR 東日本各大車站的 JR 售票處，或 JR 各車站內的指定席售票機預約指定席座位。

• 最大缺點

最大的缺點應該是效期只有短短 3 天，必須連續使用，且無法搭東京往西的東海道新幹線任何車種，搭乘東北新幹線的「はやぶさ」（隼）號、「こまち」（小町）號，即便在使用範圍內仍須再支付特急券的費用。

另外，搭乘富士急行路線上行駛的「富士山特急」展望車廂時，需另行購買座位整理券；搭乘「富士登山電車」時，亦需另外再購買座席券。

使用 JR 東京廣域周遊券可搭特急列車前往伊豆河津賞櫻

東京旅遊有哪些常用票券？

─ Tokyo Subway Ticket

　　這張「Tokyo Subway Ticket」是我認為東京自由行最佳且最超值的票券，東京 Metro 及都營地下鐵總共 13 條路線全部都可以搭乘，分成 24 小時、48 小時、72 小時三款，效期越長單價越便宜，換算下來 72 小時款平均一日只要銅板價 500 日圓就可以無限暢遊東京。建議抵達機場時就先買好，不管幾點才要開始使用都不需太在意，因為使用的有效期不受地下鐵晚上收班限制，舉例來說，持 24 小時款，下午 2 點才投入閘門後開始使用，可一直使用到隔天下午 2 點。如果安排個 5 天 4 夜的小旅行，扣除前後各一天，幾乎只要一張 72 小時票就可以應付交通上的需求，也不用擔心兩大系統間轉乘是否需要再付費的問題。

> **使用範圍** 東京都內 13 條地下鐵
>
> **適用遊客** 想利用地下鐵在東京各景點間移動的旅客
>
> **票種及票價** 24 小時 800 日圓、48 小時 1,200 日圓、72 小時 1,500 日圓，兒童均為半價
>
> **使用方法** 利用地下鐵的自動閘門進出站

成田機場
第1候機樓
1樓到達大廳 京成巴士售票櫃檯

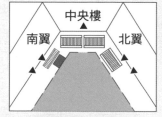

營業時間7:00~22:00

成田機場
第2候機樓
1樓到達大廳 京成巴士售票櫃檯

營業時間7:00~22:00

羽田機場
第1候機樓
2樓到達大廳 觀光資訊中心

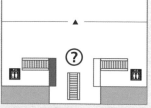

營業時間5:30~25:00

Tokyo Subway Ticket 機場販售處

Tokyo Subway Ticket

https://www.tokyometro.jp/
tcn/ticket/travel/index.html

— 都營 1 日乘車券　都営まるごときっぷ

　　東京都交通局也有推出自家的一日票「都營 1 日乘車券」，又稱「都營通票」，まるごと有全部的意思，因此可使用的運具不只都營地下鐵，舉凡都營的交通工具，包括都營公車、都電荒川線、日暮里 - 舍人線都能搭乘。有效日當天的都營一日乘車券可繼續使用至翌日凌晨 4 時（這張不是 24 小時券），不過超過凌晨 12 點後僅有深夜公車還有營運，且須補足與一般公車單程車資之間的差額（成人 210 日圓、兒童 100 日圓）。在都營地下鐵各車站的自動售票機就可以買到當日券，各車站窗口能購入預售票，適合前往都營地下鐵沿線景點，建議同時搭配都電荒川線的行程。

使 用 範 圍	都營地下鐵 4 條路線、都營公車、都電荒川線、日暮里 - 舍人線
適 用 遊 客	想利用都營各個系統的旅客
票 種 及 票 價	大人 700 日圓、兒童 350 日圓
使 用 方 法	利用都營地下鐵自動閘門進出
購 買 地 點	都營地下鐵的自動售票機及窗口 (可用 PASMO 設定)

圖片來源：東京都交通局官網

都營一日乘車券

https://www.kotsu.metro.tokyo.
jp/ch_h/tickets/value.html#h3_01

━ 東京一日券 東京フリーきっぷ

　　覺得東京的交通實在太複雜，完全不想傷腦筋去思考哪個系統能搭或不能搭，這張「東京一日券」將是最佳選擇，包括東京 Metro、都營交通，以及 JR 在 23 區內的普通列車（含快速，限普通車廂自由座席）都可以無限次數乘坐，是都內涵蓋範圍最完整的一日券，堪稱是懶人救星。有優點當然也有缺點，就是 1,600 日圓的價格偏高，且非 24 小時制，當日營業時間結束就不能再搭電車。

> **使 用 範 圍** 23 區內 JR、13 條地下鐵及都營交通
> **適 用 遊 客** 行程上會混搭 JR、地下鐵及公車的旅客
> **票種及票價** 大人 1,600 日圓、兒童 800 日圓
> **使 用 方 法** 利用自動閘門進出
> **購 買 地 點** JR 各車站的指定席車票售票機、都營地下鐵及東京 Metro 的自動售票機
> （在 JR 的車站可用 Suica，在地下鐵車站可用 PASMO 設定）

東京一日券
https://www.jreast.co.jp/tc/pass/tokyo_free.html

━ 東京 Metro 24 小時車票 東京メトロ 24 時間券

　　這張同樣是 24 小時制的車票，可自由搭乘東京 Metro 全線，在各車站的自動售票機就可以買到，不過是紙票，印刷比較普通，如果到各站的月票售票處，可以買預售票（磁卡式），其實也可以立刻就使用。如果行程上不會搭到都營地下鐵，就可以考慮購買這張。東京 Metro 經常配合活動推出限定款的票面，值得收藏。

> **使 用 範 圍** 東京 Metro 9 條路線
> **適 用 遊 客** 只想利用東京 Metro 的旅客
> **票種及票價** 大人 600 日圓、兒童 300 日圓
> **使 用 方 法** 利用東京 Metro 自動閘門進出

購買地點	東京 Metro 的自動售票機及定期券うりば

東京 Metro 的自動售票機及定期券うりば（可用 PASMO 設定）

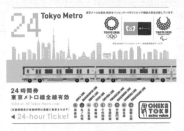

東京Metro24小時車票
https://www.tokyometro.jp/tcn/ticket/1day/index.html

圖片來源：東京メトロ官網

━ 江之電一日車票 のりおりくん

　江之電發行的一日乘車券，在營業時間內不管在哪個車站都可以自由乘車、下車，日文稱為「のりおり」，因此這張一日券命名為「のりおりくん」（Noriorikun），這條營運只有短短10 公里的路面電車，沿線有眾多適合途中下車的景點，是一張日本人到江之島玩經常會購買的票券，持券到江之電沿線的設施還可以享有許多優惠。

使用範圍	江之電全線
適用遊客	搭乘江之電途中下車的旅客
票種及票價	大人 800 日圓、兒童 400 日圓
使用方法	利用自動閘門進出
購買地點	各車站的自動售票機

江之電一日乘車券
https://www.enoden.co.jp/tc/tourism/ticket/noriorikun/

━ 都電荒川線一日券

戰後的東京都內曾是都電的天下，在最盛期（約 1955 年前後）營運里程達 213 公里，幾乎涵蓋整個東京市區。目前唯一的都電僅存一條「荒川線」，為了向國內外遊客廣為宣傳都電的魅力，2017 年取了個「東京さくらトラム」（東京櫻花路面電車）的暱稱，運行於三ノ輪橋～早稻田間，共 12.2 公里、30 個車站，沿線種植美麗的玫瑰花，依然保有昭和時代風情，是近來深受觀光客喜歡的一條路面電車。都電荒川線採單一費率，不論遠近每次搭乘 170 日圓（IC 卡 168 日圓），票價 400 日圓很親民，只要上下車超過 3 次就划算了。

使 用 範 圍	都電荒川線全線
適 用 遊 客	荒川線下町途中下車之旅客
票種及票價	大人 400 日圓、兒童 200 日圓
使 用 方 法	下車時出示車票給司機看
購 買 地 點	「三ノ輪橋おもいで館」（三之輪橋回憶館）或在車上向司機購買（可用 PASMO 設定）

都電荒川線一日券
https://www.kotsu.metro.tokyo.
jp/ch_h/tickets/value.html#h3_05

━ 東急電鐵 Triangle Ticket

東急電鐵的東橫線、田園都市線、大井町線正好交會了一個三角形的區域，東急電鐵於是以形狀發想了一張「トライアングルチケット」（Triangle Ticket），從澀谷出發，可以前往時尚優雅的中目黑和自由之丘、擁有大型購物中心的二子玉川、東京都心唯一的天然溪谷等等力溪谷，以及村上春樹《1Q84》書中首都高太平梯設置地點的三軒茶屋。

使 用 範 圍	東橫線、田園都市線、大井町線交會三角形區域
適 用 遊 客	東急電鐵重點區域小旅行
票種及票價	大人 470 日圓、兒童 240 日圓
使 用 方 法	利用自動閘門進出
購 買 地 點	東急電鐵各車站的自動售票機（可用 PASMO 設定）

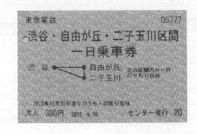

Triangle Ticket
https://www.tokyu.co.jp/railway/
ticket/types/value_ticket/triangle_
ticket.html

世田谷線一日券

東京都內唯二兩條的路面電車，另一條是由東急電鐵經營，名為「世田谷線」。從三軒茶屋出發，經過松蔭神社、宮之坂等站後，止於下高井戶站，能在此轉乘京王電鐵。票價只要 340 日圓，堪稱都內最便宜的一日券。

使用範圍	世田谷線全線
適用遊客	世田谷途中下車之旅
票種及票價	大人 380 日圓、兒童 190 日圓
使用方法	下車時出示車票給司機看
購買地點	三軒茶屋站、下高井戶站窗口 (在其他車站上車時可向司機購買， 也能在 Klook 的 APP 購買電子乘車券)

世田谷線散策きっぷ
https://www.tokyu.co.jp/railway/
ticket/types/value_ticket/
setagaya_ticket.html

東京有哪些 IC 卡？我需要買 IC 卡嗎？

― Suica

不像台灣只有 4 大電子票證，日本全國有多達 10 幾種交通 IC 卡，當中以 2001 年就在首都圈開始使用的「Suica」最多人持有，已發行超過 7 千 5 百萬張。全名為「Super Urban Intelligent CArd」的 Suica 因與西瓜諧音，有個可愛的「西瓜卡」暱稱，吉祥物是隻企鵝，由 JR 東日本主導發行，不管鐵道、公車、購物均可以使用。

― PASMO

PASMO 也是從關東地區開始發展，由私鐵及公車業者合作共同發行，數量居日本第二。經過多年下來，兩張的便利性實在是難分軒輊，不管持有哪一張都好。

無論是 Suica 或 PASMO 均採押金制，均為 500 日圓，退卡時扣除手續費 220 日圓後會退還押金。使用這類交通系 IC 卡的優點不勝枚舉，包括搭車不用每次購票、有乘車優惠，也能在眾多通路進行小額消費，在車站的自動售票機或超商都能加值。

Suica

https://www.jreast.co.jp/tc/pass/suica.html

PASMO

https://www.pasmo.co.jp/tc/

Tips 目前日本有 10 張交通系 IC 卡，從北海道到九州包括 JR 北海道「Kitaca」、JR 東日本「Suica」、首都圈私鐵「PASMO」、JR 東海「TOICA」、名古屋私鐵「manaca」、JR 西日本「ICOCA」、關西私鐵「PiTaPa」、JR 九州「SUGOCA」、西日本鐵道「nimoca」、福岡市交通局「はやかけん」都可以相互使用，如果覺得還會再訪日本，即便下一次的行程是其他區域，也可以考慮買一張。若手上已經持有關西地區常見的 ICOCA，因為在東京也通用，就不需要另外再購入 Suica 或 PASMO。

— Welcome Suica & PASMO PASSPORT

　　針對訪日的外國人，關東地區兩大 IC 卡業者自 2019 年 9 月分別推出「Welcome Suica」（免押金）與「PASMO PASSPORT」（含 500 日圓票卡發行費不退還），可以加值重複使用，但效期只有 28 天，到期後不退預存金額，也就是希望大家在離境前將餘額趕快花光，至於與一般 IC 卡相比哪種比較好，就端看自己的需求與選擇了。

圖片來源：JR 東日本官網

圖片來源：PASMO 官網

如何預購東京旅遊所需的車票？

　　東京自由行常用的票券單價都不高，直接到當地都能買到，通常也沒有預購的需求，比較麻煩的往往是 JR 東京廣域周遊券，由於東京兩大國際機場的 JR EAST Travel Service Center 經常會擠滿要購買及兌換各種 JR Pass 的各國遊客，常讓想盡快買到 JR 東京廣域周遊券，然後趕搭成田特快的人急得像熱鍋上的螞蟻。

線上購買後可於專用取票裝置取票，節省排隊時間

　　如今這個問題有解了，2020 年 1 月起，只要透過完美行在網路上先預購，抵達日本後就可以在成田機場第 1、第 2 航廈內，以及 JR 上野車站的專用取票裝置領取實體票（之後會陸續增加羽田機場或其他車站的據點，詳官網）。購買方式也很簡單，在完美行網站找到 JR 東京廣域周遊券，按購買車票，然後選擇人數、開始使用日期即可，車票售價會隨著日圓匯率浮動，不用擔心買貴了。領取時只要準備好護照與購買完畢後發行的 QR 碼讓裝置讀取，很快就能領到。

完美行東京廣域周遊券
https://tw.wamazing.com/ticket/tickets/twp

東京地下鐵

東京有幾條地下鐵？

東京共有 13 條地下鐵，包括東京 Metro 9 條、都營地下鐵 4 條路線。

光是要搞懂東京 Metro 就要稍微費點心思。東京是全亞洲第一個擁有地下鐵的城市，1927 年（昭和 2 年）12 月 30 日，上野～淺草間約 2.2 公里正式開業，為銀座線最早營運的路段。戰後日本經濟高速成長期，丸之內線、日比谷線接力開業，之後再加上東西線、千代田線、有樂町線、半藏門線、南北線，以及 2008 年通車的副都心線，一共有 9 條路線，長達 195.1 公里的營運里程，每天乘客超過 750 萬人次，企業識別系統是亮藍色底搭配白色的 M。

東京人習慣以暱稱「東京メトロ」稱呼東京地下鐵，路網綿密、班次密集，東京都內各大景點幾乎都能利用東京 Metro 前往，是東京自助旅行利用頻率最高的系統。東京地下鐵近年來不斷改善並充實無障礙設施，因此在 2023 年春天調漲 10 日圓票價，不過也讓旅客在使用上更形便利。

隸屬東京都政府的都營地下鐵 logo 是一片綠色銀杏，路網則包含淺草線、三田線、新宿線、大江戶線，路網亦超過百公里，達 109 公里，與東京 Metro 有眾多交會站，讓東京的地下鐵路網更形完整，每天有超過 260 萬人次搭乘。其中大江戶線是 2000 年以後才全線通車的 6 字型路線，與其他各路線幾乎都能轉乘。

東京這 13 條地下鐵路線，每一條均有不同顏色及英文字母代號，很容易辨識。

銀座線　丸之內線　日比谷線　東西線　千代田線　有樂町線　半藏門線

南北線　副都心線　淺草線　三田線　新宿線　大江戶線

❶ 東京 Metro 丸之內線 ❷ 都營地下鐵 ❸ 東京 Metro 醒目的 logo

不同路線該如何轉乘？

　　同一系統的轉乘比較單純，例如搭東京 Metro 丸之內線到銀座站要轉搭銀座線，只需在站內的轉換層找到另一條路線的位置，再到月台層搭車即可，票價依然以里程計費，不出站就不會被多扣錢。

　　只要是不同系統間要轉乘（例如先搭地下鐵後轉乘 JR），日本稱為「他社との乗換」（與他社轉乘），都需要先出閘門，然後依站內標誌找到要搭乘的路線，再進閘門，這和在台灣搭捷運後轉台鐵沒有什麼兩樣。持紙票的話通常須分段買票，使用 IC 卡會比較方便，只要卡片內有足夠的金額就可直接感應進站。

在同一站轉乘其他路線

轉乘有哪些注意事項？

― 避免跨系統轉乘

　　東京 Metro、都營地下鐵雖然都是地下鐵，卻是由不同的營運機構經營，並有各自的票價規則。兩者之間轉乘雖有 70 日圓的優惠，但依然會使票價變貴許多。以「田原町」（東京 Metro 銀座線）搭到「本所吾妻橋」（都營地下鐵淺草線）為例，距離僅 1.5 公里，票價卻高達 290 日圓（IC 卡 286 日圓），如果沒有使用一日券的話要儘量避免跨系統轉乘，以免 IC 卡內的餘額一下子就被扣光了。東京 Metro 與 JR 線的轉乘優惠是 20 日圓、與各家私鐵間則是 30 日圓。

― 轉乘時不超過 60 分鐘

　　有些匯集多條路線的車站規模很大，例如「三越前駅」的銀座線與半藏門線距離甚遠，要互相轉乘時必須先出閘門，走到另一條路線後再次進閘搭車，如果是持 IC 卡只要留意不要超過 60 分鐘即可，使用紙票的話，請走特定的橘色閘門讓機器註記轉乘資訊，再前往下一條路線，時間同樣限制在 1 小時內。

― 走錯閘門，車票會被回收

　　走錯閘門的話紙票會被回收，必須要再重新購票。

紙票專用轉乘閘門

> Tips　如使用 Tokyo Subway Ticket 等自由乘車的磁卡就不用有所顧慮，走任一 IC 卡專用以外的閘門都可以。

暫時出閘門後再進閘的車站與路線一覽表

車站	路線名
上　野	銀座線與日比谷線
三越前	銀座線與半藏門線
大手町	丸之内線與東西線・千代田線・半藏門線
池　袋	丸之内線・副都心線與有樂町線
飯田橋	東西線與有樂町線・南北線
銀座・銀座一丁目	銀座線・丸之內線・日比谷線與有樂町線
日比谷・有樂町	日比谷線・千代田線與有樂町線
淡路町・新御茶之水	丸之内線與千代田線
上野廣小路・仲御徒町	銀座線與日比谷線
澀　谷	銀座線與副都心線
新宿三丁目	丸之内線與副都心線
人形町・水天宮前	日比谷線與半藏門線
築地・新富町	日比谷線與有樂町線
虎之門・虎之門 Hills	銀座線與日比谷線

什麼是轉乘陷阱？

　　不同路線間的轉乘是自助旅行一定會遇到的事，只要有轉乘行為就必然會多花費一些時間。東京的地下鐵有些車站在路網圖上看起來是同一站，但轉乘時實際走起來卻要花上 10 分鐘（甚至更久），就稱為「轉乘陷阱」，在行程規劃上最好要避開這些車站，或是提前、延後換車，因為這種轉乘不光距離長，還要利用手扶梯不斷上上下下，非常不方便，尤其當拉著大行李、或者是已經在外奔波一整天雙腳走到快不聽使喚時，遇到這種長距離轉乘真會有種厭世的感覺。要發現是否存在轉乘陷阱其實也不難，在東京 Metro 詳細路網圖上如果發現兩站之間有細長的連接線就要特別留意。

路網圖就可以看出是否為轉乘陷阱

★ 東京 Metro 最大的轉乘陷阱是丸之內線與銀座線的「赤坂見附駅」轉乘南北線「永田町站」，在路網圖上看起來是短短的一條線連接著，但實際距離超過 700 公尺，必須穿過整個半藏門線（10 節車廂）的月台才能抵達，實測步行時間約需 14 分鐘，只要走過一次就絕對不會想再走第二次。

★ 丸之內線的「國會議事堂前駅」和銀座線「溜池山王駅」的轉乘時間同樣是魔王等級，要走約 13 分鐘，請務必要避開。

★ 在東京車站內從東海道線要轉乘「京葉線」也要走超過 500 公尺，所幸沿途有「Keiyo Street」可逛，能稍稍轉移注意力。

★ 在「門前仲町駅」內要轉乘大江戶線及東西線，銀座線的「赤坂見附駅」轉乘有樂町線「永田町駅」，以及在「三越前駅」內要轉乘半藏門線及銀座線，步行時間也都在 10 分鐘左右。

　　東京 Metro 有一項貼心設計，就是在車站內會標示從所在地到要轉乘路線的距離，讓人可先有心理準備。

❶「赤坂見附駅」轉乘南北線「永田町站」必須穿過整個半藏門線月台 ❷ 站內轉乘路線距離標示

超便利轉乘

有轉乘陷阱，也有超便利即可轉乘的車站。

★ 赤坂見附駅的銀座線與丸之內線就位在同一月台的左右兩側，只要走 5 步就能轉乘。

★ 表參道駅的銀座線與半藏門線在轉乘的設計上也很便利，兩條路線使用同一個月台，可多加利用。

表參道駅的銀座線與半藏門線

什麼是 JR 山手線？

JR 山手線應該是東京都內知名度最高的一條鐵道，屬於標準的環狀線，全長 34.5 公里，每天在市中心不斷的以順時針（外回り）與逆時針（內回り）繞圈圈運行，於是有人戲稱搭山手線坐過站沒關係，1 小時後就又坐回來了（但可不建議這麼搭啊）。由於是環狀線的關係與眾多路線都能轉乘，因此利用山手線的人非常多，特別是平日上午 7:30 ～ 8:30 是最尖峰時段，這段時間請不要提著大行李搭乘，因為很難擠進車廂。

山手線共有 30 座車站，停靠包括池袋、巢鴨、日暮里、上野、秋葉原、神田、東京、有樂町、新橋、品川、目黑、惠比壽、澀谷、原宿、代代木、新宿等重要地點，因此即便只利用 JR 山手線，排個 2 ～ 3 天的行程也不是問題。

JR 山手線的離站音（発車メロディー）幾乎每站都不一樣，大多是輕快的旋律，例如高田馬場駅就採用《原子小金剛》主題曲，這些音樂也是日後會讓人回憶起東京旅行的一部分。

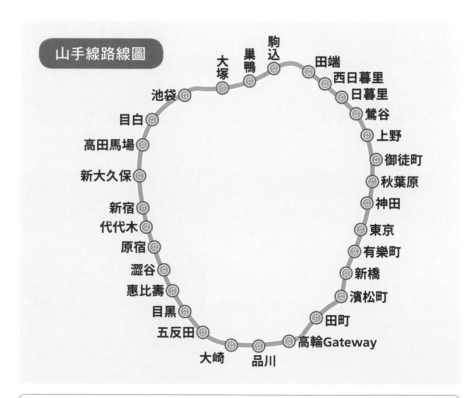

豆知識：山手線月台上的電車到站廣播，順時針（外回り）方向是男聲，逆時針（內回り）方向則是女聲，幫助乘客識別。

我需要利用 JR？還是新幹線？

　　我最常被問到的問題之一是 JR 與新幹線有什麼不同？其實兩者都由 JR 經營，1987 年日本國鐵分割民營化後，事業由 12 家法人繼承，其中負責旅客運送服務的分成 6 家，JR 東日本是其中一家，同時經營傳統鐵道及新幹線。日本習慣用在來線與新幹線來區分，新幹線以外的路線均是在來線，如同台灣高鐵與台鐵的差異。

　　單純的東京自由行鮮少有需要搭乘新幹線的機會，除非要從東京延伸到輕井澤旅行，不然利用 JR 山手線、中央線、東海道本線等在來線已足夠應付都內的移動，即便要到橫濱，搭乘在來線的便利性與時間可一點也不輸給新幹線。

大型行李廂上新幹線要先預約

　　從 2020 年 5 月中旬開始，搭乘東海道、山陽、九州新幹線時，如果有攜帶「特大行李」必須事前預約才能帶進車廂。特大行李是指行李箱 3 邊總合介於 160 到 250 公分之間，有事先預約就能免費攜帶進入車廂，並放在指定位置（最後一排座位後方），沒有預約會被加收 1,000 日圓的保管費。3 邊總合小於 160 公分的行李（相當於登機箱的尺寸）請放在座位上方的置物架，大於 251 公分的超大行李則無法帶進車廂，請多留意。

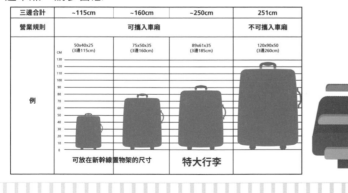

三邊合計	~115cm	~160cm	~250cm	251cm
營業規則		可攜入車廂		不可攜入車廂
例	50x40x25 (3邊115cm)	75x50x35 (3邊160cm)	89x61x35 (3邊185cm)	120x90x50 (3邊260cm)
	可放在新幹線置物架的尺寸		特大行李	

JR 或新幹線的車票怎麼購買？

　　在東京搭乘 JR 在來線多屬短距離的移動，車票在自動售票機購買即可，或是使用 IC 票證搭乘。其實新幹線的車票也可以利用售票機，如果擔心買錯，找到車站的「みどりの窓口」，將要搭乘的列車資訊寫下來交給站務人員就能順利買到車票。

首都圈的鐵道網可不只有地下鐵及 JR，眾多民營公司經營的私鐵路線對於維持這座巨大城市運作也是不可或缺的一環。擁有眾多通勤通學觀光人口支撐，首都圈有多家私鐵都擠進「大手私鉄」的行列，也就是企業規模較大的私人鐵道公司，包括東急電鐵、東武鐵道、西武鐵道、小田急電鐵、京王電鐵、京成電鐵等，前面用許多篇幅介紹的東京 Metro 也被劃分為大手私鐵之一。除了東京 Metro 外，到東京不一定會搭到這些私鐵路線，但如能善加搭配利用，可以探訪更多的觀光景點，讓行程更豐富。

搭東急電鐵可以去哪些地方？

原本全名「東京急行電鉄」的東急電鐵，大本營位於澀谷，擁有東橫、目黑、田園都市、大井町、池上、東急多摩川、世田谷、こどもの国、港未來、東急新橫濱共 10 條路線。東橫線連接澀谷及橫濱，行經代官山、自由之丘等相當具有人氣的街道，以及高級住宅區田園調布、武藏小杉，沿線是東京人最想居住的區域。搭東橫線往來橫濱的票價也比 JR 實惠，搭乘東京 Metro 副都心線不用換車，就能一路搭到橫濱。田園都市線有三軒茶屋、二子玉川等適合購物的車站。最特別的是 2023 年春天通車的「相鐵 · 東急新橫濱線」，串聯起神奈川・東京・埼玉 1 都 2 縣 7 間公司共 14 條路線，形成 250 公里的龐大路網，從都心要前往新橫濱也變得更加便利。

東急電鐵
https://www.tokyu.co.jp/index.html

» 東急電鐵沿線推薦景點

代官山蔦屋書店、橫濱 MM21、Grandberry Park、等等力溪谷、橫濱中華街

東急電鐵

東急電鐵路線圖

JR山手線　JR崎京線
副都心線
　直通運行至小川町
　西武池袋線
　直通運行至王飯能
半藏門線
　東武伊勢崎線
　直通運行至久喜
　東武日光線
　直通運行至王南栗橋
銀座線

日比谷線　南北線　三田線
　埼玉高速鐵道線　　　直通運行至西高島平
　直通運行至浦和美園

都營淺草線　JR山手線　JR京濱東北線

品川

新宿　澀谷　惠比壽　目黑　五反田　大崎　大井町

池上線 (IK)　**世田谷線 (SG)**　**大井町線 (OM)**　**目黑線 (MG)**

池尻大橋　代官山　中目黑　祐天寺　學藝大學　都立大學　自由丘　綠丘　洗足　旗之台　長原　荏原中延　中延　戸越公園　下神明

三軒茶屋　駒澤大學　櫻新町　上町　松陰神社前　若林

山下　宮之坂　世田谷　上町

三子玉川　二子新地　高津　上野毛　等等力　尾山台　九品佛　田園調布　多摩川　奧澤　石川台　雪谷大塚　御嶽山　久原　千鳥町　池上　蓮沼

下高井戶　松原　梶谷　宮崎台　宮前平　武藏小杉　新丸子　元住吉　日吉　綱島　大倉山　菊名　妙蓮寺　白樂　東白樂　反町

田園都市線 (DT)　**東急多摩川線 (TM)**

武藏新田　矢口渡　蒲田

鷺沼　多摩廣場

JR南武線　JR橫濱線　JR橫須賀線

橫濱市營地鐵線　東急新橫濱線　新橫濱　中心北　中心南　中山

兒童之國線 (KD)

江田　市尾　藤丘　青葉台　田奈　長津田　恩田　兒童王國

土筆野　鈴懸台　南町田　Grandberry Park　月見野　中央林間

橫濱　新高島　港未來　馬車道　日本大通　元町・中華街

港未來線 (MM)　直通運行至元町・中華街

相鐵線　JR橫須賀線　JR東海道線　京急線　橫濱市營地鐵　JR根岸線

池上線　東急多摩川線　世田谷線　兒童之國線　東急新橫濱線

東橫線　目黑線　田園都市線　大井町線　港未來線

元町・中華街　日本大通 馬車道 (山下公園)　(縣廳・大棧橋)

搭京王電鐵可以去哪些地方？

　　從新宿出發，有京王、井之頭、相模原、高尾山共 4 條路線。井之頭線可前往井之頭公園與吉祥寺，從新宿搭乘京王線的直通‧特急電車，約 50 分鐘就能到高尾山口，完善的登山步道及優美的自然景觀，得到米其林 3 顆星認定，是近來人氣急速上升的自然景點，很適合登山健行。能見到 Hello Kitty 和 Melody 等各式各樣三麗鷗卡通人物「三麗鷗彩虹樂園」（Sanrio Puroland），位在京王多摩中心站（京王多摩センター駅）旁。

京王電鐵
https://www.keio.co.jp/

》京王電鐵沿線推薦景點

井之頭公園、吉祥寺、高尾山、三麗鷗彩虹樂園

京王電鐵

搭東武鐵道可以去哪些地方？

　　日本營運里程第二長的私鐵，僅次於關西的「近鐵」。東武鐵道以淺草為起點，一路往北延伸到北關東的群馬縣，以及栃木縣的「日光」、「鬼怒川溫泉」；從池袋發車的東武東上線亦可前往小江戶川越。位於押上站的世界最高自立式電波塔「晴空塔」，也是東武集團旗下事業。

東武鐵道
http://railway.tobu.co.jp/

》東武鐵道沿線推薦景點

川越、日光東照宮、鬼怒川溫泉、晴空塔

東武鐵道

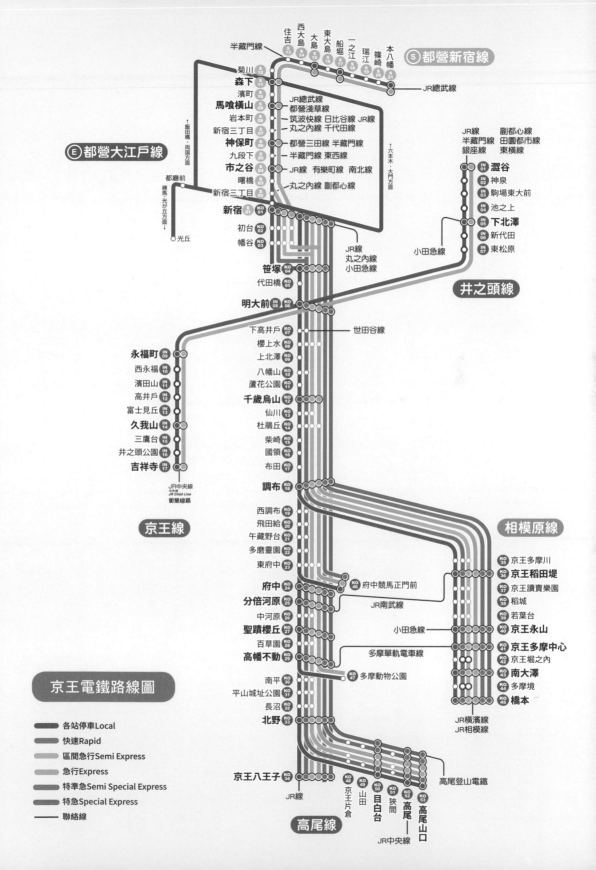

京王電鐵路線圖

- 各站停車Local
- 快速Rapid
- 區間急行Semi Express
- 急行Express
- 特準急Semi Special Express
- 特急Special Express
- 聯絡線

東武鐵道路線圖

搭西武鐵道可以去哪些地方？

因為擁有職棒球隊「埼玉西武獅」隊的關係，西武是台灣人相當熟悉的名字，每當主場有比賽時，從池袋及新宿兩個端點大站，都能搭直達車前往「西武球場前駅」，到「西武巨蛋球場」（西武ドーム）觀賞精彩的職棒比賽。有小江戶之譽的「川越」，利用西武新宿線是最方便的選擇；西武鐵道最遠到埼玉縣的「秩父」，清流山林環繞，在 2019 年新型電車特急車輛「Laview」的加持及鐵道公司大力行銷下，吸引越來越多人造訪。

西武鐵道
https://www.seiburailway.jp/

» 西武鐵道沿線推薦景點

西武球場、川越、秩父羊山公園、西武遊園地

西武鐵道

搭小田急電鐵可以去哪些地方？

提到小田急電鐵就會聯想到箱根、江之島。開往箱根的特急「ロマンスカー」幾乎已成為小田急電鐵的代名詞，雖只有小田原、江之島、多摩 3 條路線，由於起始站位在新宿的關係，利用的通勤者也很多。從新宿搭乘快速急行電車，只要約 70 分鐘就能抵達片瀨江之島駅，暢遊湘南海岸及江之島，票價比 JR 便宜許多。台灣人熟悉的江之電則是小田急集團旗下事業之一。

小田急電鐵
https://www.odakyu.jp/

» 小田急電鐵沿線推薦景點

江之島、新江之島水族館、箱根、小田原城、下北澤、豪德寺

小田急電鐵

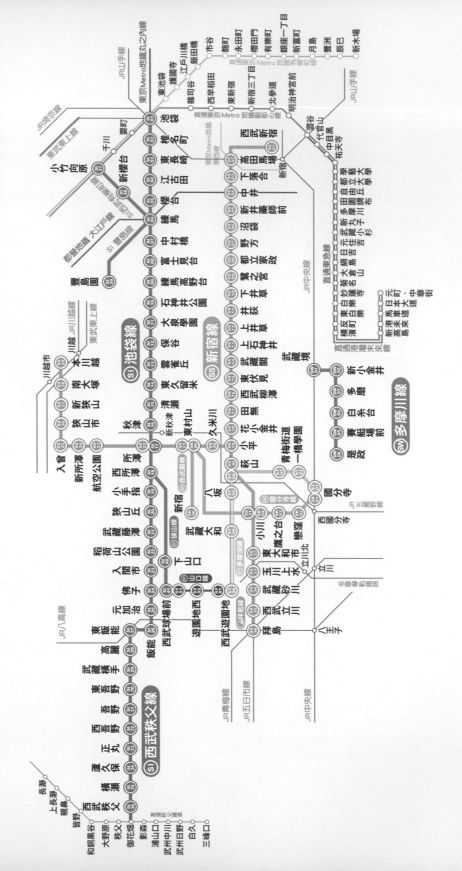

小田急電鐵路線圖

快速急行　急行　準急　各駅停車　通勤急行　通勤準急

千代田線

世田谷線有什麼好玩的景點？

　　東急電鐵世田谷線全長只有 5 公里，出發站三軒茶屋本身就值得探訪，在 1998 年（平成 10 年）被選為「関東の駅百選」之一。與車站相連接的 27 層高樓「キャロットタワー」（Carrot Tower），在 26 樓設有一處非常棒的免費展望空間。宮の坂站東邊的「豪德寺」據說是招財貓的起源地，境內有數以萬計的招財貓，為沿線最有名的景點。終點下高井戶站能轉乘京王線，鄰近日本大學校理學部的關係，站前市場總是充滿年輕的活力。

世田谷線

https://www.tokyu.co.jp/railway/data/train_line/sg.html

》 世田谷線沿線推薦景點

三軒茶屋、松陰神社、豪德寺

世田谷線

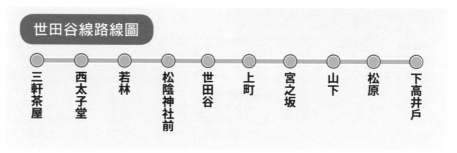

世田谷線路線圖

三軒茶屋　西太子堂　若林　松陰神社前　世田谷　上町　宮之坂　山下　松原　下高井戶

都電荒川線有什麼好玩的景點？

　　都電荒川線沿線有不少車站適合下車走走。起點三ノ輪橋停留場旁有洋溢昭和風情的 Joyful 三の輪商店街，接著行經あらかわ遊園（荒川遊園地）、荒川車庫、飛鳥山、巢鴨、高岩寺、鬼子母神堂、甘泉園公園等都值得途中下車散步，終點早稻田停留場附近的早稻田大學是都內知名銀杏景點。

都電荒川線沿線包括三ノ輪橋、荒川二町目、荒川遊園地前，以及町屋等停留所旁都大量種植玫瑰，品種繁多，總數多達 13,000 株，許多東京人認為玫瑰花才是這條路面電車的代表，因此對於取了「東京櫻花路面電車」的暱稱感到不太滿意，然而飛鳥山的櫻花絕對是都內數一數二的花見名所，春天正好來到東京的話千萬不要錯過這裡。

都電荒川線
https://www.kotsu.metro.
tokyo.jp/ch_h/services/
streetcar.html

都電荒川線

》都電荒川線沿線推薦景點

Joyful 三の輪商店街、飛鳥山、巢鴨、
鬼子母神堂、早稻田大學

都電荒川線路線圖

如何搭乘都營公車？

　　與以公車為主的京都不同，都營公車對觀光客而言並不是必然會利用到的運具，主要原因是地下鐵路網足夠密集。東京都內有數十條公車路線，官方為它取了一個可愛的暱稱「みんくる」，有「大家的車子」的意思，是都民常用的交通運輸工具。搭乘方式很簡單，馬路邊的公車站會有綠色銀杏葉的圖案，很容易辨識，站牌都有公車行經路線圖及到站時間表，搭車前請先研究。

搭乘都營公車注意事項

1. 仔細看公車車頭板確認這班車的行駛方向。
2. 搭車時要從前門上車，到站後請從後門下車。
3. 上車後隨即要付款，持都營通票者請出示印有日期那一面給司機看。
4. 在車上請將手機轉靜音，如站在優先席附近建議將手機關機。

都營公車
https://www.kotsu.metro.
tokyo.jp/bus/

如何查詢公車時刻表？

　　都營公車網站提供「五十音選擇」、「停留所檢索」、「鐵道駅選擇」等方式可以查詢公車的時刻表。以五十音選擇來查詢，要先知道停車站的發音，例如我想在東京車站搭公車，東京的發音是「とうきょう」，只要點選と，就可以找到東京車站發車的公車班次及時刻表。停留所檢索有些類似，輸入公車站牌名稱即可，最好能對照路線圖才能了解站名。

鉄道会社	路線			
東京都交通局	都営浅草線	都営大江戸線	都営新宿線	都営三田線
	都電荒川線	日暮里・舎人ライナー		
東京メトロ	東京メトロ銀座線	東京メトロ千代田線	東京メトロ東西線	東京メトロ南北線
	東京メトロ半蔵門線	東京メトロ日比谷線	東京メトロ副都心線	東京メトロ丸ノ内線
	東京メトロ有楽町線			
ＪＲ	ＪＲ京浜東北線	ＪＲ埼京線	ＪＲ京葉線	ＪＲ東京線
	ＪＲ常磐線	ＪＲ総武線	ＪＲ武蔵野線	ＪＲ中央線
	ＪＲ東海道本線	ＪＲ山手線	ＪＲ横須賀線	ＪＲ青梅線
	ＪＲ八高線	ＪＲ武蔵野線		
東京急行電鉄	東急池上線	東急大井町線	東急田園都市線	東急東横線
	東急田園線			
小田急電鉄	小田急小田原線			
京王電鉄	京王井の頭線	京王線	京王線	
西武鉄道	西武池袋線	西武新宿線	西武新宿線	西武拝島線
	西武多摩湖線			
京成電鉄	京成押上線	京成本線	京成金町線	
東武鉄道	東武スカイツリーライン	東武東上線	東武亀戸線	東武大師線

比較推薦用鐵道驛選擇的方式查詢，點選鐵道路線名稱，會出現各個車站，接著再選擇車站就可以查到行經本站的公車，進而查詢時刻表。

都營公車時刻表
https://www.kotsu.metro.
tokyo.jp/bus/kanren/tobus.
html#tobus02

公車車資如何計算？

公車收費機

都營公車採單一費率計價 210 日圓（兒童 110 日圓），上車時投幣，也可以使用 IC 卡，票價與現金相同，千圓紙鈔也可以使用，車上的機器會自動找零。晚上 11 點以後行駛的稱為深夜公車，營運成本較高的關係，票價調漲為兩倍 420 日圓（IC 卡同價）。

> **Tips** 日本交通區分年齡的方式如下：
> ・12 歲（中學生）以上為大人。
> ・6 ～ 11 歲為兒童（小児），已滿 12 歲但仍就讀小學適用兒童票。
> ・1 ～ 5 歲為幼兒（包含滿 6 歲但尚未就讀小學者）。

怎麼知道在哪裡下車？

都營公車每站行駛的距離不會太長，離站後司機上方的螢幕會以很大的文字顯示下一站的站名，有日、英、中、韓等國語言，車上也會廣播即將停靠的站名，稍加留意就不會坐過站了。一聽（看）到下一站是自己的目的地，請記得按下車按鈕。

公車上螢幕顯示到站情形

如何搭計程車？

在東京自助旅行搭乘計程車的機會不多，高昂的收費是一大原因，不過如果一行 4 個人且搭乘距離不是太長的話，有時搭乘計程車反而不會比電車貴。在 JR 的大站、百貨公司或觀光景點附近，常設有計程車乘車處，可以在此排隊搭乘，在路上想搭的話，要避開轉馬路彎處、公車站或斑馬線附近，不然計程車司機可是不會停下來的。晚上提著大包小包戰利品要回旅館時是最適合搭計程車的時機，只要給計程車司機看一下旅館的名片，再加一句「お願いします」（麻煩您，發音為 onegaishimasu）就可以了。

搭計程車注意事項

1. 日本的計程車門會自動開關，乘客入座後會自動關上，不需動手去拉。

2. 小型計程車的人數限制為不包含司機 4 位大人，超過人數請多叫一部車。

3. 上車後無論前、後座都需要繫上安全帶。

4. 跟計程車司機講地名，例如要去晴空塔時，請講「Skytree お願いします」就可以了。

5. 如果想要和司機閒聊幾句，切記不要以「運將」稱呼，因為這個詞帶有輕蔑的味道，正確的說法是「運転手さん」（うんてんしゅさん，untenshu san）。

6. 下車後不要用力甩門，車門會自動關上。

計程車的車資怎麼計算？

東京都內、武藏野市、三鷹市的計程車起跳價都一樣，前 1,096 公尺是 500 日圓，後續每 255 公尺加 100 日圓，每停車 1 分 35 秒也會加 100 日圓，以東京車站搭到銀座約 1.5 公里計算，車資是 600 日圓，實在稱不上便宜，所以至少 2 人以上搭乘才會比較划算。

如何查詢連接各種交通工具的方式？

即便是東京人，除了熟悉自己每天的通勤通學路線外，要到其他地方還是得依賴乘換案內的查詢結果。在 P23 介紹到的日本乘換案內網站「Yahoo! 路線情報」及「Japan Transit Planner」APP 功能強大，只要正確輸入起訖站，就能查詢包含電車、公車、甚至渡輪的時刻表。

有一回我要從「吉祥寺」前往「西武球場」，利用「Yahoo! 路線情報」查詢到的結果有點驚人，因為在短短不到 1 小時的車程中要轉乘 4 次，以及更換 3 條不同路線，實際搭乘體驗後發覺資訊相當準確，連哪一條路線會在哪個月台發車都清楚呈現，也讓我順利抵達目的地。

Japan Transit Planner

Yahoo!路線情報
https://transit.
yahoo.co.jp/

❶ 西武球場 ❷ 西武鐵道

如何看懂日本超複雜的交通地圖？

　　來東京自由行最常用的交通工具是地下鐵，因此最實用的交通地圖就是前面介紹過的東京地下鐵詳細版路線圖，行程規劃時建議用彩色列印下來仔細研究。首先將東京、上野、池袋、新宿、澀谷、新橋等幾個重要交通結點找出並圈起來，如此就能對東京都內的地理方位有一些概念，接著要掌握這些車站有哪幾條路線經過，長方格有相連的代表可以轉乘。這張圖在每個地下鐵車站都能拿到，抵達東京之後可以再拿一張隨身攜帶。

　　此外，可以再搭配一張 JR 東京近郊路線圖，但請千萬不要列印中文版網頁的地圖，因為站名全部改以英文標示，會猶如閱讀天書般的吃力，日文版對台灣人來說反而會比較容易理解。這張路線圖涵蓋範圍比前一張要廣闊許多，如果行程不會到東京以外的縣，只要研究圖中心部分的路線即可。

東京Metro詳細版路線圖
https://www.tokyometro.
jp/station/rosen_
shosai_201904.pdf

東京近郊路線圖
https://www.jreast.co.jp/
map/pdf/map_tokyo.pdf

我應該選擇什麼交通工具最適合？

　　來到東京自由行，建議就以「電車」為主軸來安排行程，無論是往返機場與市區、旅館與觀光景點間的移動都是如此，不要考慮公車或是計程車。要前往的景點如果都在東京 23 區內，東京 Metro 就足以應付 90% 以上的移動需求，是我最推薦的運具。比較例外的是台場這個區域，並不在東京 Metro 路網的可及範圍，必須在新橋駅或豐洲駅下車，轉搭「百合海鷗號」（ゆりかもめ），才能前往「台場」及「豐洲市場」（從築地場內市場搬遷過去的批發魚市場，位於 U14 市場前駅）。至於要前往 23 區以外的景點，可參考P.98 私鐵的介紹，搭配合適的交通工具。

百合海鷗號
https://www.yurikamome.
tokyo/zh-tw/

轉乘不同交通工具時需注意哪些？

一 不同系統或路線轉換的步行移動時間

各項交通工具間的轉乘看似便利，但也別忘了不同系統或路線轉換間步行移動所必須花費的時間，特別是不同系統間（如地下鐵轉 JR）的轉乘需要進出閘門，通常會比同系統不同路線的轉乘更花時間。

貼心的「Yahoo! 路線情報」當然也沒忽略這一點，甚至還可以設定不同的步行速度：急いで（快）、少し急いで（略快）、少しゆっくり（略慢）、ゆっくり（慢），並依此來推估不同系統（或路線）轉乘所需花費的時間，這相當具有參考價值，不過若是在尖峰時間，整個月台滿滿都是通勤族，即便想走快一點也沒有辦法，如果接下要搭的還是地下鐵就無所謂，就怕接下來要搭乘的是前往機場的全車指定席特急電車（例如 JR 成田特快或是京成電鐵的 Skyliner），一旦轉乘時間抓得太緊，又不小心迷路了，就很有可能會趕不上預定發車時刻，所以可別輕忽步行時間，建議可提前 1 ～ 2 班車，以免搭不上重要的班次。

一 乘坐的車廂對應的轉乘路線、電梯、出口

東京 Metro 在每個車站的月台上（通常貼在柱子）都設有「のりかえ出口案內」，是非常實用的貼心資訊，它詳細列出列車抵達各個車站後，每個車廂對應哪些可轉乘路線、電梯電扶梯、主要出口等重要資訊，在月台候車時如果能先查詢並移動到合適的車廂，無論是要轉乘或是出站都可以節省不少時間，是內行玩家一定會參考的資訊。

❶ 「のりかえ出口案內」對於出站或是轉乘很有助益 ❷ 月台柱子上的「のりかえ出口案內」 ❸ 東京地下鐵尖峰時刻人潮

Yahoo!路線情報
https://transit.
yahoo.co.jp/

如果使用大眾交通工具，
行程規劃時需要注意什麼？

在東京自助旅行，每天從旅館到車站間的往返移動累積下來的時間也很可觀，這時旅館所在的位置就顯得很重要，要優先選擇自車站步行 5 分鐘以內可抵達的旅館；另外，以 5 天 4 夜的旅行來說，建議不要住超過 2 間旅館，減少拉著行李移動換旅館的次數，這很耗費時間。

日本的電車一向以準時著稱，不過這是在沒有發生事故或天然災害的情況下，所以要搭乘重要的車次時（例如要搭乘已劃好指定席座位的特急列車，或是要前往機場準備搭機回台灣），轉乘的班次銜接上不要抓太緊，建議可提前一些時間，畢竟我們都不是當地人，轉換路線有可能一時半刻找不到正確的乘車位置，也可以避免因發生人身事故之類的事情影響鐵道的正常運行，最後趕不上報到時間。

另外，每張票券所可以搭乘的範圍都有限定，超過區間都必須要補票，如果想節省預算最好能先查詢清楚，以免交通費在不知不覺中暴增了。

使用大眾交通注意事項

1. 選擇交通便利的住宿點。
2. 盡可能「連泊」，即連續住同一家旅館，減少換旅館的移動時間。
3. 轉乘時間不要規劃的太緊，最後一天要到機場寧可提早一點，避免不可預期的事故。
4. 事先掌握每張票券可搭乘的範圍，避免還要補票。

❶ JR 品川車站 ❷ 特急 Laview

美食、餐廳

CHAPTER 5

東京點餐

如何點餐？

日本有很多店家為了節省人力成本，採用購買食券的方式點餐，例如一蘭拉麵、やよい軒、吉野家、松屋等，進入店內要在「券売機」先買好食券，入座後店員就會送上茶水，並收走食券，再依點購的品項上菜。這些機器越來越精巧，附有餐點圖案，甚至也有中、英文介面，對於外國人來說很方便。

另一種就比較傳統，店員帶位入坐後，會同時遞上菜單（或是菜單原本就放在桌上），店員不會在旁邊緊迫盯人，等決定好要點什麼再舉手跟店員示意，自然就會來到桌邊幫客人點餐了，指著菜單，跟服務員用簡單的英文講 one 或用手指比 1，對方就會明白要點 1 份。

❶ 券売機 ❷ 有圖案的券売機

不會日文該如何點餐？

東京國際化程度高，配合 2020 東京奧運舉行，餐飲店也做了許多因應，為妥善接待外國遊客，提供英文（或中文）菜單的店家變多了，點餐也變得更加容易，如果桌上只有日文菜單，可以詢問一下有無其他語言的版本。

日本許多餐廳門口會擺放栩栩如真的食物模型，如果有喜歡的菜色可以用手機先拍下來，就坐後再拿給店員看，這也是許多外國人常用的點餐方式。

日本點餐完全圖解

想深入了解如何點餐可參考《日本點餐完全圖解》一書，書中教導如何看懂日文菜單、順利點餐、以及各式料理的正確吃法，不會日文也能前進燒肉、拉麵、壽司、居酒屋 10 大類日本餐廳。

電子書

日本食物字典

解決在日本點餐時的困擾，收錄數百款日本食物的名稱與唸法，附有註解及圖片，離線時也可以使用。

東京有哪些推薦的餐廳？

銀座天國

`天婦羅專賣店`

　　1885 年創業的天婦羅老店，是銀座相當具代表性的餐飲店，獨特的醬汁與炸物、白飯搭配成令人難忘的美味。

官網　　地圖

- ⊘ 11:30 ～ 22:00（最後點餐時間 21:00）
- 🗓 年末年始
- 🚇 地下鐵銀座線「新橋駅」A3 出口徒步 5 分鐘
- 🍱 中央区銀座 8-11-3
- 🌐 http://www.tenkuni.com/

音音 虎ノ門ヒルズ店

`和食 & 居酒屋`

　　傳統日式料理的居酒屋，使用日本國產食材，常時提供 35 種以上日本銘酒。

- ⊘ 星期一～五 11:00 ～ 14:30、17:00 ～ 22:00
- 🗓 星期六、日
- 🚇 地下鐵銀座線「虎ノ門駅」4 號出口徒步 4 分鐘
- 🍱 港区虎ノ門 1-23-3（虎ノ門ヒルズ森タワー 3 階）
- 🌐 https://xn--0ckwbfj7jc6594dvgxelu2acefa24z.com/

官網　　地圖

煉瓦亭

`洋食`

　　明治 28 年創業的洋食老舖，是日本蛋包飯的發祥地，素朴的滋味傳承百年未曾改變，炸豬排飯也是店內的經典料理。

官網　　地圖

- ⊘ 午餐 11:15 ～ 15:00（最後點餐時間 14:15）、晚餐 16:40 ～ 21:00（最後點餐時間 20:30）
- 🗓 星期日、8 月お盆、年末年始
- 🚇 地下鐵銀座線「銀座駅」A10 出口徒步約 3 分鐘
- 🍱 中央区銀座 3-5-16
- 🌐 http://ginzarengatei.com/

一風堂銀座店

拉麵

　　位在銀座三越附近，地點絕佳，店員總是充滿元氣的招呼前來的每一位客人。除了定番的白丸、赤丸拉麵，也推薦博多一口煎餃。

🕐 11:00 ～ 22:00
📅 星期二
🚃 地下鐵日比谷線 · 淺草線「東銀座駅」A8 出口徒步約 1 分鐘
🗺 中央区銀座 4-10-3
🌐 https://stores.ippudo.com/1012

官網　　地圖

むぎとオリーブ 銀座店

拉麵

　　位於 GSIX 後面的米其林指南推薦拉麵店，特製雞蛤蜊拉麵加入許多香菜，能在不太吃香菜的日本異軍突起，足見其調理功力，用餐時刻排隊是免不了的。

🕐 平日 11:30 ～ 22:00，星期六、國定假日～ 21:00
📅 星期日
🚃 地下鐵日比谷線 · 淺草線「東銀座駅」A1 出口徒步約 5 分鐘
🗺 中央区銀座 6-12-12
🌐 https://twitter.com/mugiori

官網　　地圖

九州じゃんがら原宿店

拉麵

　　店名雖有九州，但卻是不折不扣發源自東京的連鎖拉麵店，都內共有 10 家分店，以豬骨、雞骨架、蔬菜熬成的湯頭沒有腥味，店內還提供純素食拉麵，相當受台灣旅客歡迎。

🕐 10:00 ～ 22:00
📅 無休
🚃 JR「原宿駅」徒步 2 分鐘
🗺 渋谷区神宮前 1-13-21
🌐 https://kyushujangara.co.jp/shops/harajuku/

官網　　地圖

AFURI 原宿店

　近年相當受歡迎的阿夫利拉麵，招牌柚子塩拉麵讓湯口清爽並增添香氣，少了濃厚的豬骨油脂，感覺也減少對身體的負擔。

🕐 10:00 ～ 23:00
📅 無休
🚇 JR「原宿駅」徒步 3 分鐘
📮 渋谷区千駄ヶ谷 3-63-1
🌐 https://afuri.com/

官網　　　地圖

金太樓鮨淺草中央店

　大正年間創業的壽司老店，在櫃檯座位，壽司職人依照客人的速度，將現捏握壽司送到眼前，可享用最道地的壽司，是許多老饕每到東京必訪的愛店。

🕐 平日 11:30 ～ 22:00（最後點餐時間 21:30），星期六、假日前一天～ 21:30（最後點餐時間 21:00），星期日、國定假日～ 21:00（最後點餐時間 21:00）
📅 星期一（遇假日順延）
🚇 地下鐵銀座線「浅草駅」徒步 3 分鐘
📮 台東区浅草 1-17-12
🌐 https://kintarou.owst.jp/

官網　　　地圖

Café 1894

　半澤直樹也來過，忠實復原 1894 當時銀行的營業室，磚造挑高的空間明亮時髦，洋溢明治時代氛圍，是一處適合大人聚會的地方。

🕐 11:00 ～ 23:00
📅 不定休
🚇 JR 東京駅（丸の內南口）徒步 5 分鐘
📮 千代田区丸の内 2-6-2 三菱 1 号館美術館内
🌐 https://mimt.jp/cafe1894/

官網　　　地圖

まぐろどんぶり瀬川　鮪魚丼

大正年間創業的老店，提供的唯一一道料理鮪魚丼就和店名一樣，只有吧檯 6 席座位，想吃到必須有點耐心。

🕗 7:30 ～ 12:30（賣完會提前結束）
🗓 星期日、國定假日、市場休息日
🚇 地下鐵「築地駅」徒步 3 分鐘
🏠 中央区築地 4-9-12
🌐 http://www.tsukiji.or.jp/search/
shoplist/cat-d/cat-13/019.html

官網　　地圖

鳥めし鳥藤分店　親子丼

創立於明治年間的雞肉專門店開在築地場外市場的餐飲店，雞肉親子丼最為有名，中午營業時段經常大排長龍。

🕗 7:30 ～ 14:00
🗓 星期日、國定假日、市場休息日
🚇 地下鐵「築地駅」徒步 4 分鐘
🏠 中央区築地 4-8-6
🌐 https://www.toritoh.com/

官網　　地圖

玉ひで　親子丼

創業於江戶時代（宝暦 10 年，西元 1760 年）的老店，使用最高級雞肉品種作成的親子丼，價格雖不便宜，每天依然吸引絡繹不絕的饕客到訪。

🕗 午餐 11:30 ～ 15:00、晚餐 16:00 ～ 19:00
🗓 不定休
🚇 地下鐵日比谷線「人形町駅」A2 出口徒步 10 秒
🏠 中央区日本橋人形町 1-17-19
🌐 http://www.tamahide.co.jp/

官網　　地圖

魚錠 池袋店

　明治 40 年 (1907 年) 創業，經營海產批發起家，食材新鮮，菜單全都是海鮮類，午餐定食價格實惠。

🕐 午餐 11:30 ～ 14：30、晚餐 17:00 ～ 23:30，週末及例假日 16:00 ～ 23:00
📅 不定休
🚉 JR「池袋駅」東口徒步 1 分鐘
🏠 豊島区南池袋 1-20-9
🌐 http://www.uojo.co.jp/

官網

地圖

こがね製麺所 森下店

　來自烏龍麵縣香川的最道地手打讚岐烏龍麵，麵條為店內現做，口感與一般烏龍麵完全不同，店內裝潢明亮清爽。

🕐 午餐 11:00 ～ 22:00
📅 無休
🚉 地下鐵新宿線「森下駅」徒步 1 分鐘
🏠 江東区新大橋 3-3-5
🌐 http://www.koganeseimensyo.com/index.html

官網

地圖

長崎ちゃんぽん Ringer Hut

　源自長崎的強棒麵，全日本有眾多連鎖店，品質穩定，強棒麵裡使用大量的蔬菜，可補足一日所需，很受女性顧客的喜愛。

🕐 9:00 ～ 22:00
📅 無休
🚉 JR「お茶の水駅」徒步 1 分鐘
🏠 千代田区神田駿河台 2-6-11
🌐 https://shop.ringerhut.jp/shop/r0494

官網　　地圖

本家あべや

　　位於 KITTE 的地下 1 樓，使用日本三大有名的秋田「比內雞」做成各種雞肉料理、鍋物，店內並可品嚐道地的秋田鄉土料理。

🕐 11:00 ～ 22:00
📅 年末年始
🚃 JR「東京駅」丸之內南口徒步 1 分鐘
🗺 千代田区丸之內 2-7-2　KITTE B1
🌐 http://r.gnavi.co.jp/gd1n603/

官網　　地圖

M&C Café 丸之内店

　　與日本書店老舖「丸善」聯名的咖啡店，可品嚐到由丸善創業者早矢仕有所發想出來的「元祖・早矢仕ライス」，也就是牛肉燉飯，這道料理於是以他來命名。

🕐 9:00 ～ 21:00（最後點餐時間 20:30）
📅 年末年始
🚃 JR「東京駅」丸之內北口徒步 1 分鐘
🗺 千代田区丸之內 1-6-4 OAZO 4F
🌐 https://reurl.cc/zAQdEN

官網　　地圖

日本橋だし場はなれ

　　以最道地鰹魚高湯為底，做成三菜一湯的定食搭配季節小菜，能品嚐到味道層次豐富的和風料理，自開業以來始終維持高人氣。

🕐 11:00 ～ 22:00（最後點餐時間 21:00）
📅 無休
🚃 地下鐵半蔵門線・銀座線「三越前駅」直接連結（A6 出口）
🗺 中央区日本橋室町 2-2-1 コレド室町 2 1F
🌐 https://mitsui-shopping-park.com/urban/muromachi/store/600289.html

官網　　地圖

金子半之助日本橋本店 天丼

　位於日本橋三越百貨店附近的天丼專賣店，日本橋本店僅提供唯一菜色「江戶前天丼」，獨家密傳的醬汁與炸物讓人一吃難忘，最好在營業時間前半小時就先到店門口前排隊。

🕐 星期一～五 11:00 ～ 22:00（最後點餐時間 21:30），週末假日 10:00 ～ 21:00（最後點餐時間 20:30）
📅 年末年始、不定休
🚇 地下鐵銀座線・半藏門線「三越前駅」徒步 1 分鐘
🏠 中央区日本橋室町 1-11-15
🌐 http://kaneko-hannosuke.com/

官網　地圖

たいこ茶屋 居酒屋

　隱身在大樓地下 1 樓的高人氣居酒屋，前來取景的日劇已不知幾凡，午餐時段限定海鮮吃到飽方案只要 2,100 日圓。

🕐 午餐星期一～六 11:00 ～ 14:30，星期日 10:30 ～ 15:00；晚餐星期一～六 17:00 ～ 23:00，星期日休息
📅 不定休
🚇 JR「馬喰町駅」東口 6 號或 C4 出口徒步 1 分鐘
🏠 中央区日本橋馬喰町 2-3-2
🌐 https://www.taikochaya.jp/

地圖

Freshness Burger 小伝馬町店 漢堡

　日本自創的連鎖漢堡品牌，源自東京，在東京都內擁有約 70 間店舖，使用國產新鮮食材，近年人氣更勝國外品牌。

🕐 8:00 ～ 21:00
📅 無休
🚇 地下鐵日比谷線「小伝馬町駅」4 號出口徒步 10 秒
🏠 中央区日本橋小伝馬町 3-9
🌐 https://www.freshnessburger.co.jp/

官網　地圖

ときわ食堂

家庭料理

　巢鴨地藏通商店街的人氣餐廳，能通過老奶奶味蕾的考驗會不好吃嗎？每日食材自魚河岸新鮮進貨，烹煮出日本人熟悉的家庭料理，推薦烤魚定食。

🕐 平日 10:00 ～ 22:00，週末假日 9:00 ～ 22:00
📅 無休
🚃 都電荒川線「庚申塚駅」徒步 2 分鐘
🗺 豊島區巢鴨 3-14-20
🌐 https://kosinzuka.com/

官網　　地圖

海鮮三崎港 人形町店

迴轉壽司

　日本的連鎖迴轉壽司店，每盤 121 日圓起就能品嚐到平價但新鮮美味的現作壽司，JR 鐮倉車站旁的小町通也有分店。

🕐 11:00 ～ 22:00
📅 無休
🚃 地下鐵日比谷線「人形町駅」A1 出口徒步 30 秒
🗺 中央区日本橋人形町 2-2-4
🌐 https://www.kyotaru.co.jp/kaisen_misakiko/

官網　　地圖

Saizeriya 銀座インズ店

家庭餐廳

　日本最知名連鎖平價家庭餐廳，菜色、飲料種類豐富，有兒童餐單，適合全家一起前往用餐，也是學生族的最愛。東京都有多達 210 間，許多地方都能看到 Saizeriya 店舖的招牌。

🕐 11:00 ～ 23:00
📅 無休
🚃 地下鐵銀座線「銀座駅」C9 出口徒步 1 分鐘
🗺 中央区銀座西 3-1 銀座インズ 2F
🌐 https://www.saizeriya.co.jp/

官網　　地圖

やよい軒 三軒茶屋店　日式定食

　連鎖日式定食店，在東京都內有約 60 間店面，定食種類豐富，白飯可免費續碗，價格便宜，是節省旅費的好選擇。「鯖魚味噌煮定食」是店內最經典的一道料理。

- 🕐 全日營業
- 🗓 無休
- 🚋 東急電鐵「三軒茶屋駅」徒步 1 分鐘
- 🏠 世田谷区太子堂 4-22-14
- 🌐 https://www.yayoiken.com/

官網

地圖

下高井戸 旭鮨総本店京王百貨店　壽司

　昭和 2 年 (1927 年) 創業的老店，其中一間分店位於新宿京王百貨店 8 樓的餐廳街，以合宜的價格就能吃到最道地的江戶前壽司。

- 🕐 11:00 ～ 22:00
- 🗓 無休
- 🚋 京王線「新宿駅」京王百貨店口徒步 1 分鐘
- 🏠 新宿区西新宿 1-1-4 京王百貨店 8F
- 🌐 http://asahizushi.com/

官網

地圖

---

bills 表参道　鬆餅

　有世界最好吃的早餐封號，經典鬆餅是必點的一品，店內也供應輕食和正餐。在東京共有二子玉川、表参道、銀座、台場 4 家分店。

- 🕐 8:30 ～ 23:00（最後點餐時間 22:00）
- 🗓 無休
- 🚋 地下鐵千代田線・副都心線「明治神宮前駅」5 號出口　徒步 1 分鐘
- 🏠 渋谷区神宮前 4-30-3（東急 Plaza 表参道原宿 7F）
- 🌐 https://billsjapan.com/jp

官網

地圖

うれしいプリン屋さんマハカラ

位在目黑川旁的可愛小店，用日本最堅持品質的雞蛋作成的布丁，小小一瓶單價雖不低，吃了會由衷感到開心。

🕐 11:00 ～ 18:00
🗓 無休
🚃 東急電鐵・地下鐵日比谷線「中目黑駅」徒步 5 分鐘
🏣 目黒区青葉台 1-17-5
🌐 http://www.happypudding.com/

官網　地圖

日本料理鯉之助

位於 JR 鎌倉駅東口對面，昭和 24 年創業的老舖料理店，創業者御代川鯉之助年輕時被稱為「煮物之神」。料理職人傳承技藝，利用當季的食材，做出高品質的日本料理，價格也相當實惠。

🕐 11:00 ～ 20:30（最後點餐時間 20:00）
🗓 元旦
🚃 JR「鎌倉駅」東口徒步 1 分鐘
🏣 神奈川県鎌倉市小町 1-4-1
🌐 http://www.miyokawa.co.jp/

官網　地圖

THE CIRCUS

位於長谷駅附近，緊鄰江之電的軌道，可一邊品嚐法國卡芒貝爾起司和戈貢佐拉起司做成的兩款極美味的起司蛋糕，邊欣賞江之電電車奔馳。冰滴咖啡、紅茶與蜂蜜飲料也很推薦。

🕐 10:00 ～ 18:00
🗓 星期三
🚃 江ノ電「長谷駅」徒步 1 分鐘
🏣 神奈川県鎌倉市坂ノ下 9-17
🌐 https://www.the-circus1026.com/

官網　地圖

有哪些推薦的熟食？

便當和惣菜熟食

比起餐廳，我更喜歡百貨公司地下食品街的便當和惣菜熟食，特別到晚上 6 點以後，各店鋪開始卯足全力要將櫃位上的便當清空，都會推出「タイムセール」，也就是限時特賣，將不過夜保存的食品從八折一路打到五折，是撿便宜的最好機會，其中不乏名店製作的便當，如果想節省旅費又想品嚐美味的百貨美食，記得在營業時間結束前來地下食品街逛逛。

崎陽軒

橫濱當地最常見的便當非「崎陽軒」莫屬，將燒賣作成配菜結合白飯，深受當地人喜愛，是不敗的經典美食，在東京的各大百貨店及主要車站的販賣店都能買到。

鐵道便當

對鐵道便當特別有興趣的人可以到東京車站內如同百貨賣場的「GRANSTA」，當中人氣最旺當屬便當專賣店「駅弁屋 祭」，網羅日本各地約 200 種名物駅弁，每一種看起來都很美味，常見準備搭車的人埋頭選購。

> **Tips** 能進駐競爭激烈的百貨公司餐廳，品質大抵都有一定的水準，價格或許比外面略高，不過踩到地雷機率也相對較低，如果當天午、晚餐不知道要吃什麼，可以到位在百貨公司較高樓層的「レストラン街」（Restaurant 街）逛逛，找尋合適的餐廳。

東京百貨公司美味的便當選擇

在東京用餐有哪些注意事項？

— 消費稅調高為 10%

2019 年 10 月日本的消費稅正式調高為 10%，對各行各業都產生不小的衝擊。這次的增稅堪稱史上最複雜的一次，政府為了減輕民眾的負擔，推行「輕減稅率」，大部分食品依然維持 8%，餐飲也有兩種稅率，外帶（持ち帰り／テイクアウト）的話依然以 8% 計價，內用（イートイン）則為 10%，當然也不用特別為了節省 2% 就一律選擇不在店內用餐，有些服務還是只有內用才能享受到。

— 餐廳提供冰水

日本的餐廳入座之後通常提供的是冰水，不管天氣多冷都是如此，許多店家不一定能提供溫水，這一點在習慣上與台灣有較大差異，請特別留意。在餐廳用餐每人都至少點一項是基本禮儀，真的吃不下或是想合點一份，最好先跟店員詢問一下。

— 不提供外帶服務

如果點太多東西吃不完，餐廳通常不提供外帶服務，這是為了避免食物帶回去後如未經妥善保存變質可能導致食物中毒，這也是店家要承擔的責任，所以如果店家婉拒外帶也不要因此就認為店家的服務不好。

— 自己回收餐盤

在台灣百貨公司的美食街用完餐點後，大多會有專人收拾桌面，但在日本的 Food Court 可沒這麼好的服務，用完餐後，必須自己將餐盤拿回原店家的「返却口」，可不要拍拍屁股沒有收拾就離開。

1. 店內用餐稅率為 10%
2. 要外帶的話請記得說 Take out
3. 不可以結帳時說 Take out，但接下來卻留在店內的座位用餐
4. 店內用餐一人點一份餐點為基本禮儀
5. 餐廳幾乎都只提供冰水，不一定會有溫水
6. 到居酒屋通常要先點飲料，然後再點餐
7. 吃不完的餐點通常不能打包外帶
8. 在餐廳用完餐可對店家說「ごちそうさま」（gochisosama），有多謝款待之意
9. 店內用完餐後可稍事休息，但不宜長時間佔據座位
10. 在美食街用餐後，需自己將餐盤端回店家的「返却口」

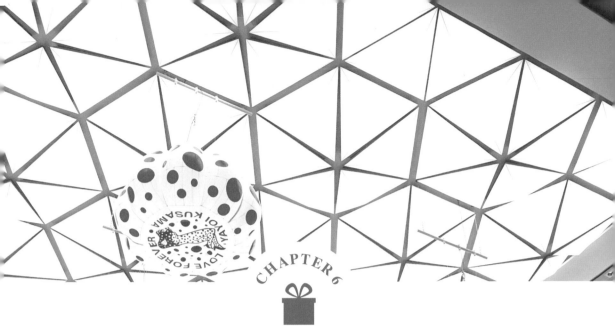

CHAPTER 6

購物

東京伴手禮

有哪些必買名產？

東京的伴手禮推陳出新，每年都有新的產品推出，不過能經得起時間考驗的才稱得上必買伴手禮，以下是推薦的商品。

● 東京ばな奈

1991 年誕生的「東京ばな奈」（東京香蕉），如今可說已經成為東京具代表性的土產，是在東京工作的遊子回故鄉時最常攜帶的伴手禮。香蕉口味的海綿蛋糕，依不同的通路或季節，總有讓人眼睛為之一亮的限定款，讓人忍不住一買再買。

» 販售點

JR 東京、上野、池袋等大站，大丸東京店、西武池袋本店、京王新宿店、晴空塔、東京鐵塔、機場

東京ばな奈官網
https://www.
tokyobanana.jp/

● 豊島屋

古都鎌倉最具代表性的銘菓，鴒子造型的「鳩サブレー」是到鎌倉旅遊的人必買的餅乾，充滿奶油的香氣，讓人回味再三，除了在鶴岡八幡宮前參到本店外，東京各大百貨公司也都有販售。

» 販售點

大丸東京店、日本橋高島屋、日本橋三越、新宿高島屋、新宿伊勢丹、小田急百貨新宿店、西武池袋本店、羽田機場

官網
https://www.hato.
co.jp/

● 東京ひよ子

上個世紀初源自九州的名菓ひよ子，昭和 41 年（1966 年）才來到東京，在東京車站八重州地下街開設東京 1 號店後，隨著東北新幹線開通大熱賣。可愛小雞造型的和菓子，薄薄外皮包著甜而不膩的內餡，已成為歷久不衰的東京必買土產。

》販售點

各百貨公司食品賣場、機場

官網
http://www.tokyo-hiyoko.co.jp/

● 千疋屋

東京高級水果的代名詞，本店位於日本橋，除了水果與餐飲甜點，也用水果開發製成各式伴手禮，新春數量限定的福袋每年都成為民眾排隊搶購的焦點。

》販售點

高島屋百貨、西武池袋本店、松屋銀座店、KITTE 丸之內店、東京車站、羽田機場

官網
https://www.sembikiya.co.jp/#

● Henri Charpentier

源自以洋菓子聞名的兵庫縣，以做出世界最美味的「費南雪」（法語：financier）為目標，使用高品質的生乳及杏仁製作而成，是全世界銷量最高的費南雪。

》販售點

日本橋高島屋、銀座松屋、日本橋三越、新宿高島屋、新宿伊勢丹、東武池袋店、西武池袋本店、大丸東京店

官網
http://www.suzette.co.jp/brand/hc/

● 虎屋

已經創業 5 世紀的和菓子屋，是獻給當時天皇的御用甜點，老舖不光只是守舊，羊羹也配合現代人口味作了調整，是許多日本人心中最體面的伴手禮。

》販售點

各百貨公司食品賣場、機場

官網
https://www.toraya-group.co.jp/

● 重盛永信堂

位在水天宮十字路口，以七福神的臉作成的人形燒包著紅豆內餡，每天至少能賣出 3,000 個，另一款「奢華煎餅」（ゼイタク煎餅）也是熱賣商品。

» 販售點

重盛永信堂

官網
http://www.shigemori-eishindo.co.jp/

● Yoku Moku

發源自東京當地的品牌，造型像雪茄的蛋卷幾乎已經成了 Yoku Moku 的代名詞，以薄薄的外皮捲成，風味香郁酥脆，是日本人喜歡用來致贈客人的伴手禮。

» 販售點

各百貨公司食品賣場、東京駅、晴空塔、機場

官網
https://www.yokumoku.jp/

● 芝麻蛋　ごまたまご

東京車站「定番」伴手禮，像一顆白色的雞蛋，裡面包著濕潤濃厚的黑芝麻，是日本人喜歡的半熟蛋口感，受到許多顧客的喜愛，人氣長年不墜。

» 販售點

東京車站、品川車站、上野車站、大丸東京店、SOGO 橫濱店

官網
https://tokyotamago.com/

● 東京牛奶起司工房　東京ミルクチーズ工場

以法國起司和北海道牛奶等嚴選原料做成的夾心餅乾，非常受到喜愛，在東京車站內能買到限定款式的包裝。

» 販售點

Gransta 東京駅、Lumine 新宿店、東京晴空街道店、atré 吉祥寺店、羽田機場

官網
https://tokyomilkcheese.jp/

● Sugar Butter Tree シュガーバターの木

東京ばな奈同一企業旗下另一人氣商品,用小麥粉、奶油等單純原料烤成的奶油夾心餅,食感酥脆且味道豐富有層次,不定時推出的聯名限定新品更是愛好者不會錯過的商品。

»» 販售點

JR上野駅、東京駅、JR池袋駅、羽田機場、成田機場、大丸東京店、京王新宿店、西武池袋本店

官網
https://www.
sugarbuttertree.jp/

● Press Butter Sand

創新口感的夾心餅,厚實酥脆的烘焙餅乾包覆奶油及牛奶糖兩種內餡,咬下第一口就能感受到甜點的美好,是東京車站熱門的伴手禮。

»» 販售點

大丸東京店、西武池袋本店、Gransta 東京 、新宿小田急 Ace 店、晴空塔 Solamachi、JR 池袋車站

官網
https://buttersand.
com/

● 鎌倉紅谷

近年爆紅的鎌倉紅谷,以可愛的松鼠圖案為包裝,最受歡迎的クルミッ子,用胡桃、焦糖和餅乾三種食材,手工製作出一吃難忘的口感。

»» 販售點

鎌倉八幡宮前本店、大丸東京店、伊勢丹新宿店、橫濱高島屋店

官網
https://beniya-ajisai.
co.jp/

● 楓糖奶油夾心餅乾 メープルバタークッキー

一年可以賣出 600 萬片,2018 年榮登東京車站限定販售土產第一名。使用加拿大的楓糖,中間夾著奶油巧克力,讓餅乾帶著清爽的香氣,復古的包裝也很吸引人。

»» 販售點

Gransta 東京駅

官網
https://
themaplemania.jp/

如何辦理退稅？有哪些手續？

　　日本在 2019 年 10 月起把消費稅調整為 10%（食品類及部分商品則依然維持 8%），在日本消費的負擔可說越來越重。還好日本政府也不斷針對外國旅客調整免稅措施，在提供免稅服務的店家消費總額 5,000 日圓（未稅）以上，即適用免稅規定。基本上分成「一般物品」（如衣服、家電、首飾、鞋子、包包等），以及「消耗品」（如食品、化妝品、保養品、酒），至於一般物品及消耗品可否合併計算免稅金額則依店家而異。一般物品可以立刻使用，但符合免稅規定的消耗品會用特殊包裝放在一起，在日本境內不可打開使用，且須於購賣後 30 日內攜出境外。

▬ 在藥妝店或一般商店退稅

　　日本的退稅方式比起歐洲簡單許多，在藥妝店或一般商店只要滿足免稅金額，於免稅專用櫃台結帳時出示護照，店員確認符合入境日本未滿 6 個月的短期停留外籍人士資格後，即會以免稅的價格結帳。部分店家辦理免稅服務的時間會比營業時間短（例如無印良品），時間太晚的話可能會遇到已經停止受理的情形。

▬ 在百貨公司退稅

　　在百貨公司的話，於不同樓層消費後，將符合免稅規定的「領收書」（消費收據）拿到指定的專門辦理退稅櫃台，即可領取退稅金額，同樣需出示護照，在百貨公司退稅需收取 1.1% 手續費，所以實際拿回的金額會比較少。

❶免稅標誌 ❷百貨賣場免稅櫃台

更詳細的免稅規定可以參考 JAPAN Tax-free 的說明：

https://tax-freeshop.jnto.go.jp/
chc/shopping-guide.php

> **Tips** 日本的機場不受理事後的免稅退稅手續，在購買的當下就要辦理。另外，以前會貼在護照上的免稅證明單，現在已經省略。

有哪些採買的地方？

─ 藥妝店

　　東京是商業高度發達的城市，小從自動販賣機，大到營業面積超大的百貨商場，到處都有吸引人掏出荷包的地方。

　　知名的藥妝店連鎖店有「マツモトキヨシ」（松本清）、「ダイコクドラッグ」（大國藥妝）、「コクミン」（國民）、「サンドラッグ」（Sun Drug）、「ココカラファイン」等。各家藥妝店門口經常擺滿價格很優惠的帶路貨吸引顧客上門，即便無法達到免稅的金額也是可以購買。如果想喝瓶裝飲料我通常會選擇在藥妝店買，售價會比超商或販賣機便宜許多。

─ 3C 量販店

　　以 LABI、Bic Camera、Yodobashi 三家競爭最激烈，在新宿、秋葉原、池袋、上野都能看到這幾間店近距離肉博廝殺，可以比價後再購買，台灣人喜歡逛的唐吉軻德 (ドン・キホーテ) 也有販售 3C 商品。

❶ Bic Camera ❷ Yodobashi

一 百貨店

東京的百貨公司數量也很可觀，三越、西武、東武、松屋、高島屋、伊勢丹、丸井、大丸、阪急、東急等，每家百貨店都有各自特色與強項，也是購物的好地方，在比較高的高樓層不定時會舉辦「催事展」，常能用好價格買到一些特賣商品，或是來自其他縣市的美食。

日本橋三越本館

一 車站

東京客流量高的大站站內都整備的猶如百貨公司，對旅客來說也是很傷荷包的地方。例如 JR 上野、品川、秋葉原、大船站內的「atr'e」，就是 JR 東日本鐵道公司自家經營的站內商場，除了飲食店外，各類店鋪也應有盡有。東京 Metro 在表參道駅及池袋駅內也設有「Echika」，挑選的都是迎合旅客消費需求的店鋪。此外，東

京車站內的「Gransta」，以及靠近八重洲口的「東京駅一番街」，都是會讓人買到忘卻時間的商場。

一 超商

東京的超商密度非常高，商品總類比台灣豐富許多，除了有大家熟悉的 7-Eleven 及 FamilyMart 外，到台灣所沒有的 LAWSON、SUNKUS 及 MINISTOP 逛逛，也是許多人到東京常會做的事。其中 Lawson 的甜點產品很受日本消費者喜愛，品質與口味不輸專賣店。

哪裡可以買到 CP 值高的商品?

— 商店街

　　想體驗在地生活、買到物美價廉的商品,那就不能錯過傳統的商店街,像是阿美橫丁、Joyful 三ノ輪商店街、谷中銀座、巢鴨地藏通、吉祥寺 Sunroad 商店街。這些依地方需求發展出來的商店街往往各具特色,共通特點都有豐富的商店,可品嚐最道地的美食,且因為大多是當地人在逛,更饒富人情味。

— 超市

　　超商固然方便,但商品價格比較高也是事實,相較之下超市就好買多了。東京都內店鋪數比較多的超市有「サミットストア」、「Life」、「Maruetsu」、「いなげや」、「東急ストア」、「成城石井」、「業務スーパー」,如有遇到就不要錯過了,建議可買些當季水果或是點心零食。

❶ 成城石井 ❷ 業務スーパー

— 東京交通會館

　　JR 有樂町駅附近的「東京交通會館」是隱藏版的購物場所,內有來自日本各縣的物產館,不用花交通或宅配費就能買到地方特產,相當受到東京人的喜愛。其中最受歡迎的是「北海道どさんこプラザ」,2019 年曾吸引約 2 百萬人次前往購物。

東京交通會館

● 機場免稅店

機場的免稅店也是買和菓子等土產的好地方，像是東京ばな奈、虎屋、東京ひよ子、Yuku Moku、文明堂長崎蛋糕、北海道白色戀人、Royce 巧克力、薯條三兄弟等受歡迎伴手禮都能買到，由於這類商品的售價都是固定的，且來到這裡已經不用再思考如何湊到 5,000 日圓的免稅門檻，因此常見許多遊客彷彿要把所有荷包裡日圓消滅殆盡似的在登機前大舉掃貨。

東京購物注意事項

貨比三家

日本的藥妝採開放價格，同一件商品在相鄰兩間店售價可能就不一樣，即便同一個連鎖品牌也是如此，可以貨比三家再購買。3C 家電用品也會有這種情形，建議在購買前先做好功課。

售價需含稅

商品的標價大字通常是「稅別」，指的是未含稅的價格，真正需要支付的是寫在「稅込」旁的數字，也就是含 8% 或 10% 消費稅的金額，所以可別被大字所誤導了。

不一定能免稅

並不是每一間店都有向政府申請提供免稅服務，在店門口有標示「Japan Tax-free Shop」的店家才有。

留意營業時間

東京的百貨公司營業時間通常只到晚上 7 ～ 8 點左右，與台灣 10 點才結束營業有很大不同，晚上安排購物行程的人應該先安排百貨公司，之後再逛藥妝店或 Bic Camera 之類的 3C 店，如果這樣還買不夠，回旅館前可再以 24 小時營業的超商結尾。

CHAPTER 7

東京都內這樣玩

東京車站・銀座・日本橋

東京車站周邊

東京車站　東京駅

　　落成已經超過百年的東京車站，無論是從交通服務、購物，或是建築賞析各個角度來說，都是東京最經典的地方。在大正年間為了新橋和上野間鐵道路線的興建，決定建設新車站，最早命名為「中央停車場」，1914 年完成後才改稱「東京駅」。

　　歷經二次大戰的空襲與整修，為了迎接開業 100 年，JR 東日本於 2007 年起展開史上最大規模的車站復原保存作業，歷時 5 年，在 2012 年終於完成這項高難度工程，並完美的復原重現東京車站落成當時的模樣，欣賞過的人無不讚嘆建築師辰野金吾（1854～1919 年）的設計。相對於典雅的丸之內口，東京車站另一側稱為八重洲口，取名「Granroof」的大片白色風帆讓車站顯得簡潔現代。

　　八重洲口地下一樓的「東京駅一番街」是會讓人荷包失血的購物天堂，以動漫卡通為主的「東京動漫人物街」匯集各電視台的人氣角色商品，還有拉麵激戰區「東京拉麵街」，用餐時間總是排著長長的人龍。

❶ 東京車站 ❷ 東京車站穹頂 ❸ 東京駅一番街

靖國神社　千鳥之淵　九段下駅　濱町公園　浜町駅　甘酒橫丁　草加屋　柳屋　COREDO室町　三越前駅　日本橋三越本店　人形町駅　水天宮　皇居　大手町駅　新丸大樓　丸大樓　東京車站　日本橋　日本橋駅　水天宮前駅　KITTE　隅田川　三菱一號館　東京國際論壇　東京交通會館　京橋駅　櫻田門　日比谷駅　無印良品銀座　日比谷公園　日比谷哥吉拉廣場　有楽町駅　伊東屋　東京中城日比谷　木村家　和光　松屋銀座　銀座三越　銀座駅　GINZA SIX　歌舞伎座　東銀座駅　築地駅　本願寺　築地市場駅　築地場外市場

　　東京車站的商業設施可不只這些，進閘門後的付費區內還有 ecute、Gransta 兩大賣場，網羅各式伴手禮及美食。最推薦的是 Gransta 的「駅弁屋祭」，販賣日本各地約 200 種特色鐵路便當，生意好的時候每天能賣出多達 15,000 個。

　　八重洲口正對面的「東京 MIDTOWN 八重洲」在 2023 年 3 月開幕，是都內繼六本木、日比谷之後的第三個 MIDTOWN，高達 45 樓，有四個商業樓層，B2 則有日本規模最大的巴士轉運站，可前往機場或日本各地方。

東京 MIDTOWN 八重洲

東京駅一番街

🕐 各店鋪時間不同，詳官網

🚃 JR「東京駅」內，從新幹線、在來線的八重洲側各剪票口出來即達

🏠 千代田区丸の內 1 丁目 9-1

🌐 https://www.tokyoeki-1bangai.co.jp/tw/

東京駅一番街

東京駅

地圖

KITTE

位在東京車站丸之內南口旁是由東京中央郵局改建的綜合商場 KITTE，命名源自日文的「切手」（きって），亦即郵票的發音，保存原外觀的低樓層（B1～6F）是商業設施，高層棟 JP Tower 則是辦公大樓，不對外開放。

KITTE 6 樓的屋上庭園，是絕對不容錯過的地方，走到建築外面的開放空間，丸之內南口圓形屋頂以及往南延伸的站體就近在眼前，是近距離欣賞東京車站最佳場所，月台熙來攘往的各式新幹線及在來線電車，如同這個繁忙城市的脈動，建議傍晚時分來此，坐在椅子上，感受東京的另一種風貌。

- 星期一～六 11:00～21:00（餐廳～23:00），星期日及國定假日～20:00（餐廳～23:00）
- JR「東京駅」徒步約 1 分鐘
- 千代田区丸の內 2 丁目 7 番 2 号
- http://jptower-kitte.jp/zh_tw/

官網　地圖

丸大樓 丸ビル & 新丸大樓 新丸ビル

丸之內是日本首屈一指的辦公區域，高級辦公大樓林立，位在 KITTE 斜對角的「丸大樓」可說是帶動丸之內區域再開發的先驅與最成功案例。原位址是建於 1923 年的丸之內大樓，曾是戰前日本最大的建築物，配合都市再生計畫於 1999 年拆除，2002 年竣工，嶄新的「丸大樓」樓高 180 公尺，外部造型承繼大正時代建築語彙，保留傳統的歷史風貌與記憶，高樓層採退縮設計，主要作為辦公室使用。一旁如同雙胞胎的「新丸大樓」也在 2007 年落成，是正對東京車站丸之內中央口最顯眼的兩大建築。兩棟丸大樓的低樓層都是對外營業的百貨商場，並有多家餐廳，很適合來此休閒購物。新丸大樓 7F 及丸大樓 5F 的露台也都是能近距離欣賞東京車站的絕佳場所。

官網　地圖

- 星期一～六 11:00～21:00（餐廳～23:00），星期日及國定假日～20:00（餐廳～23:00）
- JR「東京駅」中央口徒步約 1 分鐘、地下鐵丸ノ內線「東京駅」直接連結
- 千代田区丸の內 1-5-1
- https://www.marunouchi.com/

三菱一號館美術館

丸之內這個區域的第一棟辦公大樓，是在明治27年（1894年）落成的「三菱一號館」，由日本政府招聘的英國建築師喬賽亞‧康德設計，採用大量紅磚建築而成，是一棟充滿洋風的事務所。歷經七十多年的歲月，因為過於老舊，在1968年解體。利用明治時期保留下來的設計圖，加上解體時詳細的測量，還有各種文獻與照片，三菱集團決定將19世紀末這棟在日本近代化極具象徵意義的三菱一號館，於原地忠實地復原重建，歷經三年的工期，於2010年春天落成，並以「三菱一號館美術館」的姿態，重新展現在世人的面前。

美術館以19世紀近代美術為中心，每年策劃三場不同的展覽主題，一樓另設置「三菱一號館歷史資料室」；另一側的「Café 1894」，則是將創建當時銀行營業室所利用的空間復原，設計成咖啡店，挑高的設計及厚重的柱子，可感受明治時代的氛圍，典雅的空間也吸引日劇《半澤直樹》前來取景。

🕙 10:00 ～ 18:00
🗓 星期一、年末、元旦以及換展期間
🚆 JR 東京駅（丸の內南口）徒步5分鐘
🚉 千代田丸の內 2-6-2
🌐 https://mimt.jp/

官網　　　　　地圖

東京國際論壇 東京国際フォーラム

KITTE 後方不遠處是一棟順著彎曲的高架軌道呈現弧形外觀的特殊建築，猶如在都會叢林裡的一艘方舟，是東京都官方國際會議中心「東京國際論壇」。入內抬頭仰望，猶如船隻骨架的建築物鋼構整齊倒掛排列，結構之精巧令人嘆為觀止，建築師以「多樣性之舟」（A Boat of Diversity)概念，讓這艘透明的大船停在像東京這樣混雜不透明的大海中央。這棟會議中心於1992年動工，1997年開館，總工程費是令人咋舌的1,647億日圓，當時正是在日本經濟最強盛的時期，世界各國來此參加會議的人，看到這舉世罕見的耀眼建築，想必也會對這個都市多一份崇敬。靠近丸之內這一側的入口矗立一尊戰國時代武將太田道灌的雕像，曾修築江戶城，是家喻戶曉的歷史人物。

官網　　　　　地圖

🕙 7:00 ～ 23:30
🚆 JR「有楽町駅」徒步1分鐘、「東京駅」徒步5分鐘
🚉 千代田区丸の內 3-5-1
🌐 https://www.t-i-forum.co.jp/

有樂町 有楽町

　從東京國際論壇另一頭出來，眼前的 Bic Camera 是電視台經常前來採訪的大型 3C 店。這裡正好是 JR 有樂町站，車站前廣場在週末總會舉辦各式宣傳活動，環繞這片廣場的周圍是眾多百貨公司，包括有樂町 ITOCiA、0101 丸井百貨、阪急 Men's 東京。0101 對面的「東京交通會館」內有十餘間日本各道府縣所開設的「特產直銷商店」，能買到日本各地精選好物，3 樓開放式的屋頂是近距離欣賞各式新幹線列車的最佳地方。

　東京交通會館旁是東京高速道路，橋梁下方的空間有開業已經超過一甲子的「西銀座百貨」。穿過高架橋下方後往右走幾十公尺，會看到晴海通り及外堀通り（西銀座通り）繁忙的十字路口，一棟造型特殊的玻璃帷幕大樓是 2016 年開幕的「東急 Plaza 銀座」，以傳統「江戶切子」玻璃藝術概念打造出具地標性的摩登建築，與對街可愛小巧的「交番」（派出所）形成有趣的對比。

東京交通會館

- 🕙 10:00～20:00（各店鋪略有差異）
- 🚉 JR「有樂町駅」（京橋口・中央口）
   徒步 1 分鐘
- 🗺 千代田区有楽町 2-10-1
- 🌐 http://www.kotsukaikan.co.jp/

❶ JR 有樂町站前廣場 ❷ 東急 Plaza 銀座

銀座周邊

銀座

　與東急 Plaza 銀座正面相對、晴海通り上的一棟外觀由整齊玻璃方格組成的大樓，顯得時尚前衛，這棟是愛馬仕的旗艦店「銀座 MAISON HERMÈS」，店內不只販賣精品，HERMÈS 與藝術家在 8 樓共同打造了一處「Le Forum」藝廊，每年會規劃 2～3 檔的展覽，任何人都可以免費入場參觀；一旁並木通り上有 MUJI 的旗艦店，樓上還開設 MUJI Hotel。

銀座周邊地圖

MUJI旗艦店　伊東屋　煉瓦亭　東急PLAZA銀座　Apple銀座　松屋 銀座店　愛馬仕　木村家　銀座駅　和光　銀座三越　Ginna Place　晴海通り　一風堂　UNIQLO　GINZA SIX　東銀座駅

沿著晴海通り往南走，下一個十字路口「和光百貨」及「銀座三越」分立中央通り兩側。有著高聳鐘塔的和光百貨，以新文藝復興建築式樣打造，是銀座最經典的地標建築；銀座三越自 1930 年開店以來，一直是銀座商圈營業額最高的百貨店；三越對面一棟白色具設計感的建築，是 Ginza Place（銀座プレイス），以日本傳統工藝鏤空雕技法，打造出一棟柔和優雅的地標性建物，既傳統又現代。

緊鄰和光百貨的是永遠門庭若市的「木村家」，以紅豆麵包聞名。銀座 3 丁目上的 Apple Store 是美國本土以外最早開設的 Apple Store；2 丁目上有支紅色大迴紋針的是文具老店「伊東屋」（Itoya）本店，足足有 12 層樓，是文具迷的天堂。另一側 6 丁目上有一整棟 uniqlo 旗艦店，對面的「GINZA SIX」在 2017 年開幕，是銀座商圈規模最大的商場，6 樓有蔦屋書店。

Ginza Palace

❶ 和光百貨及銀座三越 ❷ 伊東屋 ❸ GINZA SIX ❹ 銀座步行者天國

豆知識：
銀座寸土寸金，依 2023 年的公告地價資料，銀座四丁目交叉點木村家旁的山野樂器銀座本店，每平方公尺地價 5,380 萬日圓，已連續 17 年蟬聯日本第一。

中央通り從銀座 1 丁目到 8 丁目在每個週末及假日的午後到傍晚，都會封街變成徒步區，稱為「步行者天國」，行人可以安心在大馬路上行走、觀賞街頭藝人表演或是在露天公共座椅上休憩，是來銀座逛街的最好時間。

無印良品 銀座

🕐 11:00 ～ 21:00
🚇 地下鐵銀座線・丸ノ內線・日比谷線「銀座駅」B4 出口徒步 3 分鐘
🗺 中央区銀座 3-3-5
🌐 https://shop.muji.com/jp/ginza/

官網　　　　地圖

銀座三越

🕐 10:00 ～ 20:00（星期日～ 19:30）、餐廳 11:00 ～ 23:00
🚇 地下鐵銀座線・丸ノ內線・日比谷線「銀座駅」A7、A8、A11 出口直接連結
🗺 中央区銀座 4-6-16
🌐 https://www.mistore.jp/store/ginza.html

官網　　　　地圖

GINZA SIX

🕐 商店 10:30 ～ 20:30、餐廳 11:00 ～ 23:00
🚇 地下鐵銀座線・丸ノ內線・日比谷線「銀座駅」A3 出口徒步 2 分鐘
🗺 中央区銀座 6-10-1
🌐 https://ginza6.tokyo/

官網　　　　地圖

伊東屋

🕐 星期一～六 10:00 ～ 20:00、星期日及國定假日～ 19:00
🚇 地下鐵銀座線・丸ノ內線・日比谷線「銀座駅」A13 出口往京橋方面徒步 3 分鐘
🗺 中央区銀座 2-7-15
🌐 https://www.ito-ya.co.jp/ginza/

官網　　　　地圖

木村家

🕐 10:00 ～ 20:00
🚇 地下鐵銀座線・丸ノ內線・日比谷線「銀座駅」A9 出口
🗺 中央区銀座 4-5-7
🌐 http://www.ginzakimuraya.jp/

官網　　　　地圖

官網　　　　　地圖

歌舞伎座

位於晴海通り上的銀座繁華鬧區，一棟讓人忍不住想多看一眼的日本傳統建築，是東銀座的象徵「歌舞伎座」，定期演出日本的傳統民間戲劇及歌舞伎，氣派華麗的建築無不讓第一次見到的人感到無比驚艷。

自明治 44 年在現址開場以來，歌舞伎座一直是傳承江戶歌舞伎文化的重要殿堂，目前的建築是 2013 年開幕的第五代劇場，承襲第三代典雅壯麗的桃山風格並重現第四代的外觀，新歌舞伎座與前一代可說一點都沒什麼差異，若不是背後矗立一棟新穎高樓，很難發現已歷經拆除改建。地下 2 樓與地下鐵連通的賣場「木挽町廣場」、4 ～ 5 樓的「歌舞伎座 Gallery 回廊」及屋上庭園，都設計的清爽高雅，即便不是要欣賞歌舞伎演出也能入內參觀。

🕙 10：00 ～ 18:30（木挽町廣場）

🚃 JR 日比谷線・浅草線「東銀座駅」3 號出口

🗺 中央区銀座 4-12-15

🌐 https://www.kabuki-za.co.jp/

> 豆知識：
> 除了月底及月初的休演日，歌舞伎座幾乎每天都有公演。

築地場外市場

從東銀座站搭乘地下鐵日比谷線，下一站即是築地。從 1 號出口出站會先經過「築地本願寺」，過馬路後就是以美食聞名於世的「築地市場」。原本分成專業人士批發買賣專用及一般開放的場內與場外市場，2018 年 10 月，原為東京中央御賣市場之一的築地市場遷移到 2.3 公里外的豐洲市場，結束營業長達 83 年的歷史，以餐飲小店為主的「築地場外市場」仍繼續營業，過往穿梭在人群裡的小型搬運車數量變少了，整體人潮也略減了些，美味卻沒有打折。

為了避免場內市場遷移到豐洲市場造成太大的衝擊，2018 年 10 月緊鄰場外市場的「築地魚河岸」開幕，兩棟新穎的 3 層樓建築，提供店家採買需求，1 樓的水產及青果市場，上午 9 點前主要供業者採買，3 樓的食堂就沒有這個限制，7 點開始營業後一般人就可以入內享用各式料理，這裡還規劃屋上廣場和座位區，可將在場外市場買的東西拿來這裡慢慢享用。

除了美食，築地也是職人的街道，各種料理用具、加工食品也都能在此買到，像是台灣餐桌上常用的昆布、海苔、柴魚片都有豐富的選擇，是補貨的好地方。

🕐 依店家而有所不同
📅 星期日、國定假日、市場休市日
🚆 地下鐵日比谷線「築地駅」1 號、2 號出口徒步 1 分鐘；大江戶線「築地市場駅」A1 出口徒步 1 分鐘
🌐 http://www.tsukiji.or.jp/

官網　　　　　地圖

築地本願寺

從地下鐵車站出站步行前往築地途中，目光很難不被這棟建築風格獨特的築地本願寺所吸引。佛教起源自印度，建築師伊東忠太（1867 ～ 1954 年）以此為概念，構築洋溢古代印度佛教寺院外觀，左右各一棟佛舍利小塔，主建築立面紋樣華麗，正門階梯兩側也不是日本寺院常見的狛犬，而是以展著翅膀的獅子取而代之，迴廊通往地下室的階梯墩柱上有牛、馬、孔雀、象等常見動物，也有迷樣的珍獸，都是鑑賞這棟稀有印度式佛寺的樂趣。

相較於獨特的建築外觀，供奉佛像的內部空間顯得正常多了，以日本傳統的佛寺建築手法設計，據說伊東忠太當時也同樣想設計成印度風，但被信眾反對，四聖獸於是被封印在較不顯眼的柱腳。本堂中央正面供奉的本尊是阿彌陀如來，本堂莊嚴寬敞，每天開放時間甚早，常有上班族在前往上班途中先入內禮佛，靜坐一段時間後再離去，是一處能讓人身心感到平靜的能量場所。附設的咖啡店「Tsumugi」提供一款純素食的「18 品早餐」，是最有人氣的一道料理，每天上午8：00 起限量供應。

🕐 6:00 ～ 17:30（10 ～ 3 月到 17:00）
🚆 地下鐵日比谷線「築地駅」1 號出口直接連結
🗺 中央区築地 3-15-1
🌐 https://tsukijihongwanji.jp/

官網　　　　　地圖

日本橋

　　日本橋位在江戶的中央，作為江戶通往外地五街道的起點，從江戶時代就非常繁榮，是東京歷史散步的最佳起點。江戶原本是個水都，河道、運河、溝渠四通八達，築地前身的魚貨批發市場「魚河岸」就在日本橋西側，浮世繪大師歌川廣重的名畫《日本橋雪晴》（1856年），就曾描繪出魚河岸充滿活力，日本橋上人潮熙來攘往的承平景象。

　　從地下鐵日本橋站出來往北走，眼前一座龐大的高架橋寫著「日本橋」三個大字，但可別誤會了，這是首都高速公路，下方的石橋才是真正的日本橋。第一代的日本橋建於慶長8年（1603年），總共已歷經不下20次的重建，以往都採傳統木造，1911年日本橋首次以花崗石結構設計，文藝復興的基調搭配銅製的麒麟和獅子像，是一座和洋折衷的二重拱橋，橋中央的麒麟像特地添加上翅膀是有用意的，因為日本橋同時也是日本道路的起點，幫麒麟加上翅膀，便是希望能由此處飛向日本各地。

　　1964年東京奧運前興建的首都高速公路，因市區內用地取得不易，很殺風景的直接架在河川上方，日本橋也從此失去天際線，減損不少風采，近年將首都高地下化的討論與計畫不斷提出，2018年總算拍板定案，規劃在東京奧運後開始動工，只是東京的地下早已佈滿地下鐵等基礎建設，將是一場極其艱難的工程，預估工期長達20年，作家張維中說的很貼切：「在此之前請好好照顧身體，屆時不如來組團出發，一起去慶祝日本橋奪回天空吧。」

❶ 橫跨日本橋的首都高 ❷ 日本橋的麒麟像

🚇 地下鐵銀座線「日本橋駅」B10出口徒步2分鐘

日本橋雪晴　　　　地圖

日本橋三越本店

日本百貨公司的始祖正是三越百貨，文藝復興樣式的本館建於 1935 年，已被指定為重要文化財，入口的青銅獅子像以英國倫敦「特拉法加廣場」的獅子像為範本鑄造，作為來店客人的守護神，是三越百貨的象徵，後來全國各地三越的各分店也陸續設置。

1 樓中央大廳還有更驚人的寶物，一尊高達 11 公尺的「天女（まごころ）像」美到讓人屏息。三越為了紀念創立 50 週年，委託名匠佐藤玄々，耗時約 10 年歲月在 1960 年完成，姿態優美的天女降臨在盛開的花蕊上被祥雲環繞著，豪華炫爛的雕工極為罕見，是三越的鎮社之寶，不少人為了欣賞這尊天女特地前來。三越本館在 2018 年展開大規模整修工程，由隈研吾擔當設計，讓賣場變成一座猶如白色閃耀森林般的夢幻園地。

在地下一樓東京 Metro 銀座線與半藏門線連通道的三越百貨牆面上，展示一幅有日本《清明上河圖》之稱的《熙代勝覽》複製繪卷，非常精彩，在中央的部分可以清楚看到「三井越後屋」，正是三越百貨的前身。

- 🕙 10:00 ～ 19:00（餐廳 11:00 ～ 22:00）
- 🚇 銀座線‧半藏門線「三越前駅」徒步 1 分鐘
- 🗺 中央区日本橋室町 1-4-1
- 🌐 https://www.mistore.jp/store/nihombashi.html

官網　　　　　地圖

❶ 日本橋三越本店天女像 ❷ 三越本館 ❸ 三越百貨的青銅獅子

....

COREDO 室町 コレド室町

位在日本橋三越本館旁的三井不動產總部「三井本館」相信許多人都曾在電視上看過，以義大利威尼斯產的大理石為建材，外觀氣派非凡，是《半沢直樹》劇中虛構的東京中央銀行的總行。

三井本館對面接連 4 棟以「COREDO 室町」為名的現代大樓，改變了日本橋一帶的風貌，低樓層規劃為商業空間，進駐近百個店舖，COREDO 室町 1 ～ 3 分別以美食老舖、TOHO 電影院、生活雜貨為主，我個人喜愛的「中川政七」、「無印良品」、「伊織」，還有這幾年以高湯爆紅的醬油老店「茅乃舍」，都可以在 COREDO 室町 3 找到。COREDO 的新成員是 2019 年 9 月開幕的「コレド室町テラス」，大家熟悉的「誠品書店」就開設在 2 樓，店內約 10 萬冊的選書及呈現方式流露著台灣誠品的風格，是向日本傳遞台灣文化的發信站。

❶ 三井本館 ❷コレド室町テラス ❸コレド室町テラス的誠品書店

🕐 10:00 ～ 21:00（餐廳 11:00 ～ 23:00）
🚇 地下鐵銀座線・半蔵門線「三越前駅」A6 出口直接連結
🏠 中央区日本橋室町 2-2-1
🌐 https://mitsui-shopping-park.com/urban/muromachi/index.html

官網　　　　地圖

人形町散步

水天宮

　　結束日本橋的行程，可從三越前駅搭乘紫色的半蔵門線前往水天宮前駅，這一站就以緊鄰車站的「水天宮」來命名，以求子、祈求安產聞名，每天都能見到許多臉上洋溢幸福表情的孕婦，或是帶著剛出生小嬰兒的夫妻來此參拜或還願。

　　手水舍附近一尊小小的「安産子育河童」，一不小心就會錯過，安詳的河童媽媽身上或抱或掛著 3 隻調皮的小河童，生動逗趣，請務必記得停下腳步，舀一匙水從河童的頭淋下，祈求平安。水天宮還有一項比較少人知道的，就是保佑除水難（水難除け），因為河童除了有超強的除魔能力，更是深諳水性，以「河童面」做成的授予品，於是成為要從事水上活動的人必求的幸運物。

❶水天宮 ❷水天宮安産子育河童

🕐 7:00 ～ 18:00
🚇 地下鐵半蔵門線「水天宮駅」5 號出口徒步 1 分鐘
🏠 中央区日本橋蛎殻町 2-4-1
🌐 http://www.suitengu.or.jp/

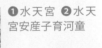

官網　　　　地圖

充滿下町風情的人形町，人行道上兩座大型鐘塔，增添不少懷舊情緒，在江戶時代當地是熱鬧的歌舞伎街，大受庶民歡迎的人偶劇也蓬勃發展，許多與人偶相關的職人移住至此，於是有「人形町」之名，這兩座機關鐘定時的人形表演，正好可以讓人重溫當年的氣氛。

• 喫茶去 快生軒

日比谷線人形町站旁的「喫茶去 快生軒」，看板寫著創業大正八年的字樣，走的是老派風格，菜色只有簡單的咖啡和烤吐司，是已故作家向田邦子經常光顧的愛店，猜想東野圭吾也曾經親訪，因為《麒麟之翼》書中也提到這家很有氣氛的老店。

❶人形町的機關鐘 ❷喫茶去 快生軒

• 柳屋

《新參者》劇中最常出現的街道也在這裡，「這條小小商店街叫做『甘酒橫丁』，菜穗一家開的煎餅屋「甘辛」就位在街旁。這兒實在稱不上是跟得上時代潮流的街道，……整座町唯一的優點就是，這裡保留了昔日的江戶風情。」我最喜歡的是「柳屋」鯛魚燒，職人用單一鐵製鯛魚模型，以柴燒直火烤出皮薄美味的甜點，平常日人就很多，總是買不到的加賀恭一郎（阿部寬飾演）說的好：「這種東西不排隊買就不會明白它真正的美味了。」所以就耐心排隊吧。

🕐 12:30 ～ 18:00
📅 星期日、國定假日
🚆 地下鐵日比谷線「人形町駅」A2 出口徒步 1 分鐘
🏠 中央区日本橋人形町 2-11-3
🌐 https://reurl.cc/vn2xnj

官網　　　地圖

• 草加屋

再往前走不遠就是《新參者》第一集「煎餅店的女兒」出現的煎餅屋，真正店名是「草加屋」，門口擺滿煎餅，透過玻璃從外面就能看到職人正手工一枚一枚烤著煎餅的情形。日劇的播出吸引很多人慕名前來，觀光客變多了，老闆待客依然謙和，展現下町的溫暖人情。

🕐 10:00 ～ 18:00（星期六、國定假日～ 17:00）

📅 星期日、星期一

🚇 地下鐵日比谷線「人形町駅」A2 出口徒步 3 分鐘

🗺 中央区日本橋人形町 2-20-5

🌐 https://www.soukaya.tokyo/

官網　　　　地圖

濱町公園 浜町公園

再往前「走了一小段路，眼前出現一處兼具馬路分隔島作用的細長形小公園，正是濱町綠道，而《勸進帳》故事主角的弁慶銅像就聳立在公園入口處。」東野圭吾在《新參者》細微的描述，當成人形町散步指南也很合適。

這一段道路稱為「明治通り」，再往前一個街廓，左手邊一棟氣派的大樓是東京第一個使用電燈照明劇場的「明治座」，1873 年創業，是東京最具代表性的劇場。抵達「濱町公園」後可作為這段人形町散步的終點，這是東京中央區面積最大的公園，入口處設有都營新宿線浜町駅，在此搭上電車，前往下一個行程。

❶弁慶像 ❷明治座

🕐 常時開放

🚇 地下鐵新宿線「浜町駅」A2 出口出站即達

🗺 中央区日本橋浜町二丁目 59 番 1 号

🌐 https://1000enpark.com/park/00227/

官網　　　　地圖

皇居

　　皇居是當今天皇的御所，平時一般人難以進入這
門禁森嚴的天皇領地，僅能在外苑的正門石橋前隔
著護城河遙望伏見櫓與宮殿，令和元年德仁天皇即
位後的首次一般參賀，綿延到「行幸通り」東京車
站前的人潮令人印象深刻。原本是統一日本的武將
德川家康的居城，明治元年（1868 年）天皇家移住
至此，展開「皇居」與「東京」的歷史。環繞著皇
居護城河外有許多古江戶城門，例如半藏門、大手

❶

門等，其中最有名的當屬曾發生暗殺德川幕府大老井伊直弼（1815～1860 年）的櫻田門，這起
由水戶藩脫藩浪人所策動的暗殺史稱「櫻田門外之變」（1860 年），造成日後幕府權力逐漸崩落，
間接促成大政奉還實現，是日本近代一段重要歷史。

　　如今櫻田門時計台前的廣場成了許多市民跑者練習慢跑的最佳起點，繞行皇居一圈大約 5 公里，
由於跑步環境良好、鄰近皇居治安更是不用擔心，不論早晚晴雨，每天都有許多跑者來此練跑，
成為東京特殊的風景，插畫家高木直子也曾在作品中描繪她在皇居練跑的有趣經驗。

❷

🚇 （往大手門）地下鐵「大手町駅」C13a 出口徒
　　步約 5 分鐘

🌐 https://sankan.kunaicho.go.jp/guide/
　　koukyo.html

官網　　　　　地圖

❶櫻田門 ❷皇居正門

千鳥之淵 千鳥ヶ淵

　　東京都內最佳賞櫻名所之一，位在皇居西側全長約
700 公尺的一條步道，又稱為「千鳥之淵綠道」，種植
著大約 260 株的染吉野櫻，在春天盛開時，土堤上的櫻
花與護城河、田安門、水面的小船構成絕美的畫面，短
短幾天賞櫻期就能吸引超過百萬人次到訪，是一年之中
最熱鬧的時候。

🕐 常時開放

🚇 地下鐵東西線‧半藏門線‧都營新宿線
　　「九段下駅」2 號出口徒步 3 分鐘

🗺 千代田區九段南二丁目から三番町先

地圖

靖國神社

　距離千鳥之淵不遠，沿著靖國通り走大約5分鐘，會看到右手邊一個大鳥居，這裡就是知名的「靖國神社」，奉明治天皇之命建造，於1869年完成。神社境內種植約400顆櫻花，其中有一棵氣象廳判斷東京的櫻花是否開花的標準木，每當開花期將屆時，總有媒體在此辛苦的守候，期望能拍到氣象廳宣布東京開花的畫面。

🕕 6:00～18:00（冬天～17:00）
🚇 地下鐵東西線・半藏門線・新宿線「九段下駅」3a 出口徒步 5 分鐘
🗺 千代田区九段北 3-1-1
🌐 http://www.yasukuni.or.jp/

官網　　　地圖

日比谷公園

　日比谷公園位在櫻田門附近，是日本第一座西洋風格公園，於明治36年（1904年）開園，由日本「公園之父」本多靜六設計。公家機關聚集的「霞が関」就在不遠處，對在鄰近辦公大樓工作的人來說，草木扶疏的日比谷公園宛如都市綠洲，是轉換工作氣氛最好的地方，環繞大噴水池有眾多的座椅，中午時分常可見到許多上班族在這裡吃午餐。

　四季都有不同花卉盛開的日比谷公園，4月中旬到5月上旬的粉蝶花（ネモフィラ）最是讓人感到驚喜，不用遠赴次茨城縣的「ひたち海濱公園」，在公園裡就能欣賞，上午出勤時段一向行色匆匆的上班族也紛紛被吸引停下腳步，拿出手機捕捉夢幻的粉紫色小花。

🕕 常時開放
🚇 地下鐵日比谷線・千代田線・三田線「日比谷駅」A10・A14 出口即達
🗺 千代田区日比谷公園 1-6
🌐 https://www.tokyo-park.or.jp/park/format/index037.html

官網　　　地圖

東京中城日比谷 東京ミッドタウン日比谷

　「東京中城日比谷」是三井不動產繼成功打造 TOKYO MIDTOWN 六本木後，在有「日本娛樂中心」稱號的日比谷打造的大型商業及辦公複合大樓，與日生劇場、東京寶塚劇場、帝國 Hotel 比鄰而立。

　日比谷地區自明治維新以來，一直是日本近代化推展的重要據點，三井不光只是在這蓋一棟商辦大樓，而是以「像電影一樣的街道誕生了」的期望，持續為日比谷挹注更多國際商業、藝術文化、優雅生活來努力。低樓層的商場進駐 50 餘間店，從時尚、美食、設計一應俱全，評價最高的是位在 3 樓的「日比谷中央市場街」，由「有鄰堂」書店規劃，以街道的型式打造充滿昭和風的店舖，4 ～ 5 樓有都內最大的電影院「TOHO Cinema 日比谷」，6 樓的 Park View Garden 就面向日比谷公園，也能眺望皇居，視野極佳。

❶ 東京中城日比谷 ❷ 東京中城日比谷 Park View Garden ❸ TOHO Cinema 日比谷

🕐 11:00 ～ 21:00（餐廳～ 23:00）
🚇 地下鐵千代田線・日比谷線・三田線「日比谷駅」直接連結
🏠 千代田区有楽町 1-1-2
🌐 https://www.hibiya.tokyo-midtown.com/jp/

官網　　　地圖

日比谷哥吉拉廣場 日比谷ゴジラスクエア

　TOHO 是日本最大的電影公司「東寶」，在東京中城日比谷旁有一棟名為「TOHO CINEMAS CHANTER」的電影院，1 樓是香港餐廳「添好運」，正前方有個小廣場矗立了一隻栩栩如真的 TOHO 至寶「哥吉拉」（ゴジラ）。這附近是第一代電影哥吉拉曾大肆破壞的聖地，於是在舊稱「合歡廣場」的這裡設置了一尊哥吉拉的雕像，2018 年再以電影《正宗哥吉拉》為藍本，重新打造一尊新雕像，並將廣場改名為「日比谷哥吉拉廣場」。雕像加上基座高約 3 公尺，在高達 192 公尺的東京中城日比谷旁顯得有點渺小，不過可別高興的太早，也許在下一部電影，這一棟就會是被哥吉拉路過而破壞的建築。

🕐 常時開放
🚇 地下鐵千代田線・日比谷線・三田線「日比谷駅」徒步 2 分鐘
🏠 代田区有楽町 1-2-2（日比谷シャンテ前）

地圖

新橋周邊

JR 新橋駅

提到新橋,日本人都會想到「サラリーマン」（salaryman）,也就是領薪水的上班族。JR 新橋車站東邊汐留口側是電通、日本電視台、Panasonic 等許多大型企業總公司所組

成辦公室街道,從業員工眾多,又有「サラリーマン聖地」之稱,車站周邊有數不清的居酒屋、餐飲店,每到星期五晚上,總能見到辛苦工作一週的上班族拿下領帶、捲起袖子,痛快喝上幾杯的模樣。電視台只要有議題想採訪上班族,絕對是來新橋車站前守候,西口的 SL 廣場有一輛靜態保存的 C11 形蒸氣機關車,是當地人都熟知的碰面點。

JR 新橋車站西口 SL 廣場

新橋SL廣場　舊新橋停車場　築地駅
　　　　　　鐵道歷史展示室
新橋駅
日本電視台大廈　　　　築地市場駅
汐留駅

濱離宮恩賜庭園

浜松町駅

豐洲駅

新豐洲駅

市場前駅　豐洲市場

彩虹大橋

國際展示場駅　有明駅

東京國際展示場

台場海濱公園　お台場海浜公園駅

自由女神像　Aqua City
　　　　　　富士電視台　東京ビッグサイト駅
台場駅　Diver City Tokyo Plaza

新橋周邊地圖

豆知識:
新橋是日本鐵道建設的起點,為紀念鐵道發展一百年,於 1972 年再次展示這台 C11 蒸汽機關車。

舊新橋停車場鐵道歷史展示室
旧新橋停車場鉄道歷史展示室

　　新橋是日本鐵道發展的起點，1872 年新橋到橫濱的路段完成，新橋停車場成為日本第一座鐵路端點站，開業當日明治天皇曾親臨慶祝儀式。1914 年東京車站開業後改為貨物專用站，並改名為汐留駅，車站在關東大地震時燒毀。「舊新橋停車場鐵道歷史展示室」經過詳細考據，在原址忠實的復原當時新橋停車場的外觀，讓世人得以重新看到明治初期洋風建築之美，與一旁現代大樓相比，絲毫不遜色，且還多了幾分優雅。現在館內展示日本鐵道發展的歷史，當時鐵道測量的起點「0 哩標識」、開業時車站基石的殘留建物，以及與舊車站相鄰的月台就保存在戶外，是日本重要的鐵道遺址。

🕙 10:00 ～ 17:00
📅 星期一（遇假日順延）、年末年始（12 ／ 29 ～ 1 ／ 3）
🎫 免費
🚃 JR「新橋駅」銀座口徒步 5 分鐘
🗺 港区東新橋 1-5-3
🌐 http://www.ejrcf.or.jp/shinbashi/

官網

地圖

新橋站周邊地圖

日本電視台大廈 日テレタワー

日テレ是「日本電視台」的簡稱，本社就設在新橋附近，從鐵道歷史展示室走過來只要 5 分鐘，電視台大廈是一棟 32 層的高樓，由英國 Richard Rogers 設計，與高雄捷運中央公園站同一位建築師。

在日テレ的 2 樓有一座長達 18 公尺的巨大銅製時鐘，是動畫導演宮崎駿的作品，呈現「霍爾的移動城堡」風格，每天定時整點時段會有一段約 3 分鐘的精彩演出。電視台內兩個樓層的「日テレ屋」內販售眾多熱門節目的原創商品，還有《名偵探柯南》、《魯邦三世》、《麵包超人》，以及職棒「讀賣巨人隊」的紀念品。

❶日本電視台大廈 ❷日テレ屋

🕐 10:30 ～ 18:30
📅 年中無休
🚆 百合海鷗號「新橋駅」徒步 1 分鐘、地下鐵大江戶線「汐留駅」徒步 1 分鐘、浅草線「新橋駅」徒步 2 分鐘、JR「新橋駅」徒步 3 分鐘
🏷 港区東新橋 1-6-1（日テレタワー B2F）
🌐 https://www.nitteleya.jp/

官網　　　地圖

汐留周邊

濱離宮恩賜庭園 浜離宮恩賜庭園

東京有 9 座都立庭園，被日本政府指定為特別名勝及特別史跡僅有兩座，「濱離宮恩賜庭園」為其中之一，建於江戶時代，原先作為將軍家的鷹獵場，第六代將軍德川家宣將此園改為「濱御殿」，經歷代將軍持續擴建、修復，直到第十一代將軍家齊時才形成現在的規模，明治維新後成為皇室的離宮。

庭園內水池佔了大半的面積，臨近東京灣的關係，引進的是海水，昭和年間復原重建的「中島の御茶屋」，是將軍及幕府貴族在園內納涼休息的場所，在江戶時代天氣好的時候能眺望房總半島，來到現代，庭園北側「汐留 sio-site」超高層大樓環繞倒影於江戶水池，古今交錯，成了有趣的畫面。

🕐 9:00 ～ 17:00
📅 年末年始（12/29 ～ 1/1）
💰 大人 300 日圓、65 歲以上 150 日圓、小學生以下免費
🚆 地下鐵大江戶線「汐留駅」10 號出口徒步 5 分鐘
🏷 中央区浜離宮庭園 1-1
🌐 https://reurl.cc/jd2eQL

官網　　　地圖

百合海鷗號 ゆりかもめ

新橋車站匯集 JR、地下鐵銀座線、淺草線，以及百合海鷗線等多條鐵道，是重要的轉乘點，上午通勤時段往新橋的列車都會非常擁擠，通常過了新橋之後才會舒緩一些。前往台場最便利的方式是搭百合海鷗號，起站就在新橋，安排平日一早就要到台場的人，在新橋車站內轉乘時可要有在千軍萬馬中穿梭的心理準備。

百合海鷗號電車從新橋出發，雖行走高架上，但夾在汐留眾多高聳的現代辦公大樓間，彷彿穿越一段摩天大樓所形成的峽谷。經過「日之出」及「芝浦埠頭站」後電車就要開始橫渡東京灣，與下一站「台場海濱公園」間的行車時間最長，由於接下來要登上的「彩虹大橋」高度太高，必須先彎繞行一個大圓圈增加距離才有辦法開上彩虹大橋，橋面上是首都高路專用路線，百合海鷗號利用下層空間，登橋後電車逐漸加快速度，如果幸運坐在車頭的位置，可以看到整齊又密集的橋梁鋼構不斷往後退去，還有一種置身科幻電影場景的感覺。

百合海鷗號的企業識別系統就像一隻飛翔的海鷗，與東京的地下鐵分屬不同系統，持 Tokyo Subway Ticket 無法搭乘，須另外購票或是使用 IC 電子票證扣款，票價偏高，僅僅 14.7 公里的單一路線一日票就要價 820 日圓。

🕐 約 4 ～ 5 分鐘一班
◎ 190 ～ 390 日圓。一日乘車券：大人 820 日圓、兒童 410 日圓
🌐 https://www.yurikamome.co.jp/zh-tw/

官網

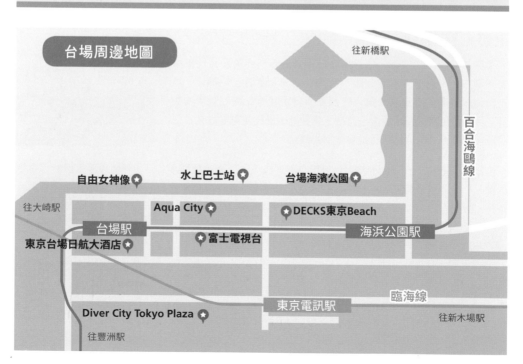

Aqua City

搭乘百合海鷗號從新橋出發，約 15 分鐘即能抵達「台場站」，出站後利用天橋連接，能前往附近兩棟大型購物商場「Aqua City」及「Diver City Tokyo Plaza」。Aqua City 裡餐飲種類豐富，3 樓有專賣鬆餅的排隊名店「Eggs'n Things」，5 樓還設了「東京拉麵國技館」，精選 6 間來自全國的拉麵名店在賣場裡開業，如果逛到累了不知要吃什麼，這裡或許是不錯的選擇。Aqua City 一側面向台場海濱，可以清楚看到自由女神像、彩虹大橋，以及更遠處的東京鐵塔，不想逛街的話也可到台場海濱的沙灘走走。東京奧運期間，有多項賽事場館設在台場所在的灣岸地區。

🕐 11:00～21:00（餐飲店～23:00）

🚃 百合海鷗號「台場駅」下車徒步 1 分鐘

🏠 港区台場 1-7-1

🌐 https://www.aquacity.jp/

官網　　　　地圖

❶ 台場海濱公園 ❷ 彩虹大橋
❸ 台場自由女神像 ❹ Aqua City 及富士電視台

Diver City Tokyo Plaza

Diver City Tokyo Plaza 由三井不動產經營，店舖的數量更多，7 樓有廣達 600 坪、世界最大的鋼彈基地，門口實體大小的鋼彈模型，更讓這裡一舉成為鋼彈迷的聖地，成為台場最知名的打卡景點，每天晚上 7 點以後每半小時一次的夜間演出也很精彩，可以感受到日本人對於機器人的熱愛。

2019 年底在 2 樓還開設世界第一間 © 藤子プロ認證的「哆拉A夢未來百貨公司」（ドラえもん未来デパート），可體驗機器貓的各種道具，商品種類更是齊全。

🕐 10:00～21:00（餐飲店 11:00～23:00）

🚃 百合海鷗號台場駅下車徒步 5 分鐘

🏠 江東区青海 1-1-10

🌐 https://mitsui-shopping-park.com/ divercity-tokyo/

官網　　　　地圖

豆知識：
台場自由女神像高約 11 公尺（不含底座），大小為紐約自由女神像的 1/4。

富士電視台 フジテレビ

　　夾在兩大棟購物商場間是台場的地標「富士電視台」，建築大師丹下健三設計出一棟具有未來風格的奇特建築。主要用途是電視台的辦公大樓及攝影棚，不過 1 樓、5 樓、7 樓屋上庭園及 24 ～ 25 樓都有對外開放。

　　圓型球體上半部是需付費的球體展望室「はちたま」，是欣賞台場的最佳制高點，下層是新聞節目「めざましテレビ」實際使用過的攝影棚，目前對外開放參觀。《七龍珠》、《海賊王》、《櫻桃小丸子》，還有日本國民卡通《サザエさん》（海螺小姐）都是該台的看板節目，在 1 樓大廳的賣店裡可以買到動畫及電視劇周邊商品。

官網　　　　地圖

🕐 10:00 ～ 18:00
📅 星期一
🚃 百合海鷗號「台場駅」下車徒步 3 分鐘
🏠 港区台場 2-4-8
🌐 https://www.fujitv.co.jp/gotofujitv/index.html

東京國際展示場 東京ビッグサイト

　　離開台場，搭著百合海鷗號往豐洲方向，經過「青梅站」後左邊的複合型商業設施「Palette Town」，已經在 2022 年中停業，連同稍早已經閉館的 MEGA Web 及 Venus Fort，青梅站周邊正進行一波新的工程，數年後將以全新風貌迎接遊客來訪。

　　下一站「東京國際展覽中心站」（東京ビッグサイト駅）以一旁的「東京國際展示場」來命名，有著獨特的四個超大倒三角外觀，是都內重要的展覽場，一年到頭都有各式展覽會議，使用頻率極高，最大盛事就是在每年 3 月下旬舉辦的世界規模最大動漫展「Anime Japan」，過去也經常作為東京馬拉松的報到會場而廣為人知。

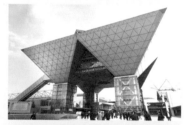

🕐 活動而異
🚃 百合海鷗號「東京ビッグサイト駅」徒步約 3 分鐘
🏠 江東区有明 3-11-1
🌐 http://www.bigsight.jp/

官網　　　　地圖

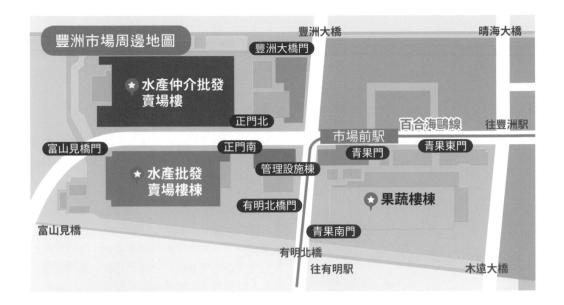

豊洲市場周邊地圖

豊洲大橋　晴海大橋
豊洲大橋門
★ 水產仲介批發
　　賣場樓
正門北
百合海鷗線　往豊洲駅
市場前駅
富山見橋門　　正門南　　　青果門　　青果東門
★ 水產批發　　管理設施棟
　　賣場樓棟
有明北橋門　　　　　　★ 果蔬樓棟
富山見橋　　　　　　青果南門
有明北橋
往有明駅　　　　木遠大橋

豐洲市場 豊洲市場

　　受到土壤遭殘留重金屬及有毒物質汙染影響而延宕多時的築地場內市場遷移案，終於在 2018 年 10 月 11 日正式遷到豐洲市場，對於水產蔬果批發業者來說，告別舊市場雖有些不捨，新市場的工作環境確實更現代完善。「市場前駅」是離豐洲市場最近的一站，出站後可以依序參觀「果蔬樓棟」、「水產批發賣場樓棟」及「水產仲介批發賣場樓」，以前在築地市場如「大和壽司」、「壽司大」、「天房」等排隊名店也跟著搬到豐洲市場，用餐環境也比老舊的築地市場更好。如果想專程來豐洲市場品嚐美食，建議可以善用 Tokyo Subway Ticket，搭乘東京 Metro 有樂町線到豐洲站後再轉乘百合海鷗號，可以節省一些車資。

❶ 百合海鷗號豐洲駅 ❷「市場前駅」離豐洲市場最近 ❸ 豐洲市場

🕐 5:00 ～ 17:00

📅 星期日，臨時休業日（通常是星期三），年末年始

🚇 百合海鷗號「東京市場前駅」下車即達

🏠 江東区豐洲 6-3

🌐 https://www.tsukijiichiba.com

官網　　　地圖

赤坂周邊

❶ 青山通り上的豐川稻荷東京別院 ❷ 虎屋直營店 ❸ 國會議事堂 ❹ 迎賓館赤坂離宮

赤坂見附

我個人最喜愛的住宿區域，距離「赤坂御用地」及「國會議事堂」等重要機關甚近，附近各國大使館林立，治安良好，交通上有東京 Metro 銀座線及丸之內線交會，非常方便，平價餐飲店也多，對自助旅行來說是絕佳的立地。

從赤坂見附沿著青山通り，是一條好走的散步路線，日本羊羹第一品牌「虎屋」在青山通り上開了一間直營店，由建築師內藤廣設計，室內空間以吉野檜木為主要建材，打造出傳統與現代並存的空間，有賣場、菓寮及畫廊，創業約 500 年的和菓子老舖以嶄新風貌，持續向世人傳達羊羹的美好滋味。

虎屋對面有類似城垣基石圍繞的大片綠地，稱為「赤坂御用地」，是皇室關連設施，佔地廣大，裡面包括「赤坂御所」（原皇太子德仁使用）、「秋篠宮邸」（德仁天皇弟弟秋篠宮宮邸）、「三笠宮東邸」（寬仁親王宮邸）等，由於德仁天皇即位後移住皇居，空出來的赤坂御所經過整修後，上皇夫妻搬到此處，並改稱「吹上仙洞御所」。北側有日本唯一採新巴洛克式建築樣式的「迎賓館赤坂離宮」，華麗的宮殿集結當時日本建築、美術、工藝界精英全力完成，為明治時期正宗近代洋風建築代表作，是皇室與首相接待外賓的重要場所，平日開放付費參觀，有時內閣府會舉辦免費一般公開活動。

迎賓館赤坂離宮

🕐 10:00 ～ 17:00

📅 星期三

🎫 大人 1,500 日圓、18 歲以下 500 日圓、不開放小學以下入場

🚃 JR、地下鐵「四ッ谷駅」徒步 7 分鐘

🏣 港区元赤坂 2-1-1

🌐 https://www.geihinkan.go.jp/zh-tw/akasaka/

官網

地圖

赤坂周邊地圖

四ッ谷駅

迎賓館赤坂離宮

新國立競技場

赤坂見附駅　　國會議事堂

明治神宮野球場　　虎屋　　日枝神社　　日比谷駅

神宮外苑　青山一目丁駅　赤坂駅
いちょう並木

虎之門駅

虎之門Hills

乃木坂駅　東京中城　愛宕神社　新橋駅

國立新美術館

汐留駅

六本木駅

六本木Hills　　　御成門駅
TV Asahi　　東京鐵塔

增上寺

たぬき煎餅　　芝公園

鯛魚燒 浪花家總本店　麻布十番駅

麻布十番　　赤羽橋駅　　芝公園駅

青山

　　沿著石垣直走到盡頭，就是東京 Metro 青山一丁目站，再往前走到下一個路口，右手邊一條筆直通往外苑中央廣場的道路，稱為「神宮外苑いちょう並木」（神宮外苑銀杏並木），馬路兩旁的人行道各種植兩排銀杏，樹齡超過百年，每一棵均高大挺拔，經細心照料修剪，樹形美麗，每年 11 月中旬到 12 月上旬時，銀杏葉轉為金黃色、落葉鋪成地毯，是都內人氣最高的銀杏名所，配合這段期間舉行的「銀杏祭」，猶如一場園遊會，是人潮聚集的一大盛事。

❶ 神宮外苑いちょう並木 ❷ 明治神宮球場

銀杏並木盡頭是圓形的道路，廣場四周有「聖德紀念繪畫館」、網球場、高爾夫練習場、棒球場等文化及運動設施，均屬「明治神宮外苑」，是日本國民為感念明治天皇及皇后遺德，在大正年間集資興建，並捐獻給明治神宮。日本職棒12支球團之一的「東京養樂多燕子隊」就是以明治神宮球場作為主場。養樂多隊自2021年起連續兩年稱霸中央聯盟，2021年更一舉拿下日本一，優異的戰績吸引眾多球迷回流。除了職棒，這座球場也是舉辦「明治神宮野球大會」的場地，是大學及高中棒球的聖地。

神宮外苑いちょう並木

🚇 地下鐵「青山一丁目駅」3號出口徒步2分鐘

明治神宮野球場　　地圖
官網

六本木周邊

六本木 Hills 六本木ヒルズ

六本木可說是近20年來東京變化最大的一個區域。六本木 Hills、東京中城六本木、新國立美術館三大開發案的組合，成為都內最強的藝術鐵三角。

日本知名土地開發公司「森大廈」所主導的「六本木 Hills」，可說是帶動六本木轉變風貌的先驅，以都市更新的概念，將原本以木造為主且所有權複雜的密集住宅區，打造成結合辦公大樓、住宅、商業、文化設施、旅館的多機能複合街道，在2003年落成。

主要設施是樓高238公尺的「森大樓」（森タワー），建築外觀以日本傳統的摺紙及甲冑為概念來設計，低樓層是商業設施，52及53樓有「東京 City View 展望台」及「森美術館」的設置，門票設定雖然不低，策展的評價相當好。森美術館不光只展示艱澀的藝術，宮崎駿吉卜力工作室的系列電影、《機動戰士鋼彈》、《進擊的巨人》等人氣動漫原畫作都曾經是企劃主題。以森大樓前巨大的「蜘蛛」（ママン）為首的一系列公共藝術，也是許多人來此巡遊時的一大樂趣。

❶東京 City View 展望台景觀 ❷森大樓 ❸森大樓前巨大的「蜘蛛」

🕐 11:00 ～ 20:00（餐廳～ 23:00）
🚇 地下鐵日比谷線「六本木駅」1C 出口直接連結、大江戶線「六本木駅」3 號出口徒步 4 分鐘
🏠 港区六本木 6-10-1
🌐 https://www.roppongihills.com/

官網　　地圖

TV Asahi テレビ朝日

　森大樓旁的「朝日電視台」本社，也是一處人氣景點。平常總是門禁森嚴的電視台，特別將 1 樓規劃為免費開放空間，以自家節目、最新連續劇佈景與民眾互動，朝日拍過的日劇不勝枚舉，《Music Station》、《London Hearts》、《関ジャニ∞》、《黃金傳說》等台灣熟悉的綜藝節目也都出自朝日電視台，遊客可站在舞台上與タモリ (塔摩利) 蠟像合影，也可以在佈置逼真的《徹子の部屋》，坐在沙發接受黑柳徹子的採訪。不讓其他家電視台專美於前，TV Asahi 也製播《哆啦 A 夢》、《蠟筆小新》、《假面騎士》等卡通長青樹，常見小朋友在這裡玩得不亦樂乎。

　電視台前綠意盎然的「毛利庭園」是江戶時代所遺留下來的大名屋敷庭園，昭和年間一度成為 Nikka 威士忌的東京工廠，因此當地人習慣將庭園內的水池稱為「Nikka 池」，周圍種植櫻花、楠、榎、銀杏等樹種，環境整理的很好，依然保留著江戶時代的歷史感。

🕐 10:00 ～ 19:00
🚇 地下鐵日比谷線「六本木駅」徒步 5 分鐘、大江戶線「六本木駅」徒步 6 分鐘
🏠 港区六本木 6-9-1
🌐 https://www.tv-asahi.co.jp/teleasa/

官網　　　地圖

東京中城 東京ミッドタウン

　緊接在六本木 Hills 之後的六本木地區大型開發案是「東京中城」（Tokyo Midtown）。從六本木 Hills 慢慢散步過來大約 7 ～ 8 分鐘，立在廣場中央一座正中間有著圓形中空的黑色大理石雕刻作品「妙夢」迎接往來的人們。主建築的 B1 ～ 4F 規劃為商場，空間寬敞明亮，進駐的店家約 110 家，包含三宅一生、吉田包、無印良品、Uniqlo、中川政七，羊羹老舖虎屋也在 B1 開設旗艦店，名家精心設計的大暖簾印著「虎」字商號，與內部洗鍊的裝潢呈現和諧的美感，是必訪店家；高樓層有頂級旅館 The Ritz Carlton Hotel 進駐，能享受到的景觀與服務都是最奢華的服務，當然房價也很可觀。

　整個開發區保留 40% 的面積作為草皮及公園，與稍嫌密集的六本木 Hills 相比，開放性更佳，感覺更容易親近，常見許多人假日就在草地上休憩野餐，享受都會裡悠閒的時光。

東京中城還規劃眾多藝術設施，包括著重生活之美的「Suntory 美術館」、透過設計來觀看世界的「21_21 DESIGN SIGHT」、推廣設計為主的「Design HUB」，以及展示攝影作品的「Fujifilm Square」。當中名氣最大的當然還是安藤忠雄設計的 21_21 DESIGN SIGHT 美術館，以平整的清水模混泥土，搭配一大片鐵製屋頂，形成具獨創性的傾斜外觀，這個靈感來自三宅一生「一塊布」的概念，安藤忠雄表示繪製草圖很簡單，實際要施作時卻是超乎想像的困難。美術館位於綠地空間，為了與周邊景觀融合，建築極盡低調，量體約 8 成建在地下，引進自然光，設計師吳東龍說：「動線轉圜之際，還可以感受挑高空間的窗外景致與醍醐灌頂的自然採光，轉身則是動態多變的空間表情。」來到這裡，無論是接觸有趣的設計展，或是欣賞大師精彩的建築，都能有滿滿新鮮驚喜的體驗。

21_21 DESIGN SIGHT 美術館

東京中城

🕐 11:00 ～ 20:00（餐廳～ 23:00）

🚇 地下鐵大江戶線「六本木駅」8 號出口、日比谷線「六本木駅」
地下通道直接連結

🏣 港区赤坂 9-7-1

🌐 https://www.tokyo-midtown.com

官網　　　地圖

🕐 10:00 ～ 18:00（餐廳～ 24:00）

📅 星期二（遇假日則順延）

🎟 依不同展覽而異

🚇 地下鐵千代田線「乃木坂駅」
6 號出口直接連結

🏣 港区六本木 7-22-2

🌐 https://www.nact.jp/

官網　　　地圖

國立新美術館 国立新美術館

如果東京中城的美術館還看不過癮，可以順著指標，前來僅僅相隔不到 200 公尺的「國立新美術館」。2007 年開館的這座日本規模最大美術館，是建築師黑川紀章（1934 ～ 2007 年）生前的最後力作，如同波浪充滿律動感的曲面玻璃帷幕外牆，第一眼就給人柔和的好印象，進入內部，大廳是挑高四層樓高的空間，陽光透過玻璃照入室內，外牆結構的線條與流動的人潮共演出有趣的光影變化。兩個倒置的巨大圓錐非常醒目，寬廣的平台未來感十足，好似宇宙站，上方是館內最受歡迎的餐廳，取名為「ROND」，正是法文「圓形」的意思；美術館內部地板及各樓層的迴廊大量使用木製材質，營造出溫暖舒適的感覺。

能在此企劃展出的作品水準自不待言，除展覽廳以外，美術館內有許多開放的公共空間，不論是否來此看展皆可自由進出，在明亮的大廳或是咖啡店裡稍歇，思考著接下來要參觀哪一個行程，或乾脆就在此度過午後時光，都是絕對要將新國立美術館排入行程的理由。

美術館的 logo 是紅色直線條組成的漢字「新」，由佐藤可士和設計。

結束六本木 Hills 的行程，從 TV Asahi 的正門離開，來到「TSUTAYA 東京六本木店」，店家後方氣氛為之一變，閑靜的散策路旁是住宅區，人行道上種植 75 棵櫻花樹，春天是一處內行人才知道的賞花景點。依 TSUTAYA 前路口指標，順著好走的下坡往麻布十番移動。

與新開發的六本木 Hills 只有相隔不到 400 公尺，麻布十番顯得日常許多，這一帶有好幾個外國大使館，是東京著名的高級住宅區，在東京 Metro 南北線及都營大江戶線通車設站後才逐漸熱鬧起來。以麻布十番大通り為核心的商店街雖不寬敞，兩旁開著眾多有特色的飲食、雜貨、咖啡店家，還有 Daiei 及成城石井兩間 24 小時營業的超市，非常方便。

麻布十番商店街

浪花家總本店 浪花家総本店

最有人氣的當屬有東京鯛魚燒（鯛焼き）御三家之一的「浪花家總本店」，小小的店面總是排著等候的人潮，薄皮包著甜度剛好的紅豆內餡，遵循傳統製法烤出已流傳超過百年的鯛魚燒，是來到麻布十番必吃的一品。

- 🕐 11:00 ～ 19:00
- 📅 星期二及每月第三個星期三
- 🚇 地下鐵南北線「麻布十番駅」4 號出口徒步 2 分鐘
- 🗺 港区麻布十番 1-8-14
- 🌐 http://www.azabujuban.or.jp/shop/food/219/

官網　　　　　地圖

たぬき煎餅

另一項名物是與浪花家相隔幾個店面的「たぬき煎餅」，位在三窗的店門口立著一隻信樂燒製成比人還高的狸貓像，相當醒目。使用高級醬油手工烤的煎餅，在昭和時代就被選皇室的御用煎餅，價格卻一點也不高貴，銅板價就能入手。麻布十番商店街的盡頭是 Oslo Coffee，地下鐵麻布十番站的 4 號出口就在店門口，享用完下午茶後可從這裡進站，搭乘電車前往赤羽橋站。

- 🕐 9:00 ～ 20:00（星期六、國定假日～ 18:00）
- 📅 不定休
- 🚇 地下鐵南北線「麻布十番駅」4 號出口徒步 2 分鐘
- 🗺 港区麻布十番 1-9-13
- 🌐 http://tanuki10.com/

官網　　　　　地圖

東京鐵塔 東京タワー

　昭和 33 年（1958 年），東京鐵塔正在緩緩興建中，日本已逐漸走出戰敗的陰霾，每天都閃耀著希望的光輝。這是賣座電影《ALWAYS 幸福的三丁目》的一段簡介，雖然是虛構故事，卻真實反映當時的背景，劇中蓋到一半的東京鐵塔映照夕陽的片段，成為深植人心的一幕。

　雖然東京有了更高、更新穎的「晴空塔」，但如果要票選東京的象徵，東京鐵塔一定仍名列前茅。東京鐵塔在 1958 年底完工，以電波發送為目的，從開工到落成僅花了 1 年半，設計者是有「耐震構造之父」美譽的內藤多仲，他以設計鐵塔見長，又被稱為「塔博士」，包括名古屋電視塔（1954 年）、通天閣（1956 年）、別府塔（1956 年）、札幌電視塔（1957 年）、博多港塔（1964 年）也都由內藤設計，連同東京鐵塔，被稱為「鐵塔六兄弟」（タワー六兄弟）。高 333 公尺的東京鐵塔落成至今已超過 60 年，依然是日本第二高的建築物，結構優美，近年持續強化顏色、照明，是東京夜空不可或缺的璀璨景色。

　登塔依高度分成兩種行程，中段的 Main Deck 高 150 公尺，設施內有直營販賣店、鐵塔大神宮及餐飲店，四個角落用透明的強化玻璃做成 Skywalk Window，可從離地 145 公尺的高處往正下方看；對於體力有自信，或是覺得平時運動不足的人，可以挑戰爬樓梯登上 Main Deck，總共 600 個階梯，一直爬到 150 公尺的高度，完成的話還能拿到一張「諾朋公認 上升樓梯認定證」，不過氣喘吁吁爬了上來要進入展望台還是得付費。位於 250 公尺的瞭望台以玻璃鏡面打造成猶如萬花筒的奇幻空間，門票包含語音導覽系統和景觀導覽、飲品、照片贈品，以及服務人員接待，參加 Top Deck Tour 必須事先預約。

	Main Deck（150 公尺）	Top Deck Tour（150&250 公尺）
大人（高中生以上）	1,200 日圓	2,800 日圓（網路預約） 3,000 日圓（現場購票）
高中	1,000 日圓	2,600 日圓（網路預約） 2,800 日圓（現場購票）
國中、小學生	700 日圓	1,800 日圓（網路預約） 2,000 日圓（現場購票）
幼童（4 歲以上）	500 日圓	1,200 日圓（網路預約） 1,400 日圓（現場購票）

⏰ 9:00 ～ 23:00
🚇 地下鐵大江戶線「赤羽橋駅」赤羽橋口徒步 5 分鐘
🏣 港区芝公園 4 丁目 2-8
🌐 https://www.tokyotower.co.jp/

官網　　　　地圖

❶ 東京鐵塔 Main Deck 景觀 ❷ 東京鐵塔 ❸ 東京鐵塔是東京夜空不可或缺的璀璨景色

增上寺 增上寺

　　屬於淨土宗的增上寺有著悠久的歷史，三解脫門是入寺的三門，建於 1622 年，是東京都內最古老的建築之一，已被指定為國家的重要文化財。寺內所供奉的本尊是阿彌陀如來，參拜的方式是先合掌一拜，唱頌十次「南無阿彌陀佛」，然後再一拜。由於增上寺與德川家有著深厚的因緣，祈求保佑「勝運」特別有名，且東京鐵塔就在隔壁、距離東京灣也不遠，融合天與海之氣，是很有助運氣提升的「能量場所」（パワースポット）。NHK 在大晦日（ 12 月 31 日）《ゆく年くる年》的實況轉播中，總是會將一個現場放在增上寺，只見寺方以 108 下的「除夜之鐘」，陪伴世人送走過去，迎接新的一年到來。

至赤羽橋

增上寺周邊地圖

📍 東京鐵塔

至神谷町

📍 增上寺　📍 東京Prince Hotel

芝公園駅　都營三田線　御成門駅

首都高速都心環狀線

📍 港區役所

📍 芝Park Hotel

都營大江戶線

派出所

大門駅

都營淺草線　　　　第一京濱國道

JR濱松町駅

至品川　　　　　　　　至新橋

⏰ 9:00 ～ 17:00
🚇 地下鐵三田線「御成門駅」、「芝公園駅」徒步 3 分鐘
🏣 港区芝公園 4-7-35
🌐 http://www.zojoji.or.jp/

官網　　　　地圖

虎之門 Hills 虎ノ門ヒルズ

　　距離銀座兩站的虎之門（虎ノ門），原本是江戶城的外堀，不是太受注目的區域，2014 年大規模再開發案「虎ノ門ヒルズ」（虎之門 Hills）開業，地上 52 層的超高建築，一舉成為東京最高大樓，為此還設計了一隻名為「トラのもん」的白色未來機器貓，宛如哆啦 A 夢的翻版，不過這可不是山寨品，是出自藤子‧F‧不二雄製作公司設計的吉祥物。

　　這棟以辦公為主的大樓，商業氣息較不濃厚，對外開放的區域幾乎都是餐廳，大概以大樓裡的上班族為主要客群，不過外面的公共空間相當完善舒適。

🕐 11:00 ～ 21:00（餐廳～ 23:00）
🚇 地下鐵銀座線「虎ノ門ヒルズ駅」直接連結
🗺 港区虎ノ門一丁目 23 番 1 号～ 4 号
🌐 https://toranomonhills.com/

官網　　　地圖

愛宕神社

　　東京都 23 區內坡道雖多，海拔均不高，自然地形上最高的山就是愛宕神社所在的愛宕山，山頂標高 26 公尺，在江戶及明治時代，天然蒼鬱的山上是眺望江戶景色及江戶灣的最佳地點，是浮世繪經常出現的題材。

　　鎮座在愛宕山頂的愛宕神社於江戶開府的 1603 年（慶長 8 年），奉德川家康之命創建，祭祀火神。神社位在山上，參道正面陡峭的階梯稱為「男坂」，另有一個更響亮的名號，源自四國丸龜藩的家臣曲垣平九郎，充滿膽識騎馬上山採下梅花獻給將軍德川家光，高超的技術被讚許為「日本第一馬術名人」，從此這處坡道就被稱為「出世の石段」。

　　來到山頂，經過鳥居進入小巧可愛的「丹塗りの門」，主祀火神「火產靈命」的本殿就在眼前，除了祈求遠離火災，愛宕神社對於保佑戀愛、結婚、商賣繁盛都相當靈驗，也難怪日劇《ボク、運命の人です》（真命天菜）會設定女主角木村佳乃來此求姻緣的情節。

🕐 9:00 ～ 16:00（社務所）
🚇 地下鐵日比谷線「神谷町駅」或「虎ノ門ヒルズ駅」徒步 5 分鐘、銀座線「虎ノ門駅」徒步 8 分鐘
🗺 港区愛宕 1-5-3
🌐 http://www.atago-jinja.com/

官網　　　地圖

澀谷周邊

表參道 表参道

　　搭乘銀座線到表參道駅從 A2 出口出站，一整排櫸木林蔭大道就是許多建築師眼中人行道設計典範的表參道，如同法國的香榭大道，兩旁精品店林立，每個國際名牌莫不在此一級戰區開設旗艦店，並由知名建築師操刀，短短幾百公尺內就可以看到伊東豐雄（TOD'S 表參道ビル）、黑川紀章（日本看護協会ビル）、隈研吾（LOEWE）、妹島和世＋西澤立衛 / SANAA（Dior）、團紀彦（表参道けやきビル）、青木淳（LV）設計的建築，宛如建築師們的競技場。

　　挑高明亮的「Apple 表參道店」旁就是安藤忠雄為同潤會青山公寓改建案設計的「表參道ヒルズ」（表參道 Hills），東側保留東京最早的公寓建築，商業棟內可以看到在安藤作品裡常見的清水模，以迴廊式的坡道設計串連賣場，搭配挑高的中庭，展現一般商場少見的優雅。

❶ Dior ❷ 地下鐵表參道駅 ❸❹ 表參道 Hills

表參道 Hills

🕘 11:00 ～ 21:00（星期日～ 20:00）、餐廳～ 23:00（星期日～ 22:00）

🚇 地下鐵銀座線 ・ 千代田線 ・ 半蔵門線「表參道駅」A2 出口徒步 2 分鐘

🏠 渋谷区神宮前 4-12-10

🌐 https://www.omotesandohills.com/

官網　　　地圖

明治神宮
明治神宮博物館
竹下通
原宿駅
東急PLAZA
明治神宮前駅
表參道Hills
宮下公園
表參道駅
ShinQs
109百貨
SHIBUYA SCRAMBLE SQUARE
忠犬八公像
澀谷駅
豪德寺
松陰神社
STARBUCKS RESERVE®
蔦屋書店
宮之坂站
ROASTERY TOKYO
代官山駅
惠比壽駅
松陰神社前駅
三軒茶屋
中目黑駅
三軒茶屋駅
玉川高島屋S・C
二子玉川駅
等等力溪谷
等々力駅

東急 PLAZA 表參道原宿
東急プラザ表参道原宿

　　表參道的盡頭與神宮前交差點是 2012 年開幕的「東急 PLAZA 表參道原宿」，獨特的外觀，由日本新銳建築師中村拓志設計，屋頂種植許多樹木，就像表參道林蔭的延伸，讓建築跟環境空間形成整體感，是他作品的最大特色。入口設計主題是萬花筒，由多片玻璃組成，建築師想創造與網路不同、只有來到這裡才有的購物體驗，隨著電扶梯的移動可以看到萬花筒的有趣的變化，且隨著視線、季節、時刻與天氣的轉換，街道又會呈現不同的表情變化。推薦可上到屋頂的「おもはらの森」，這裡有著表參道稀有的休憩空間，就像一座空中植物園，有世界最好吃早餐美譽的「bills」也在 7 樓展店，享受美食的同時也能獨佔絕佳的視野。

🕐 商店 11:00 ～ 21:00、餐廳 8:30 ～ 23:00

🚉 地下鐵「明治神宮前駅」出口 5 徒步 1 分鐘、JR 山手線「原宿駅」徒步 4 分鐘

🏢 渋谷区神宮前 4-30-3

🌐 https://omohara.tokyu-plaza.com/ct/

官網

地圖

明治神宮

　　明治神宮是東京最知名景點之一，從「神宮」的名號可以得知是祭祀天皇及皇族的神社，為了祭祀明治天皇與昭憲皇太后而設立，建於 1920 年（大正 9 年），神宮境內遼闊，就像一片天然森林，御社殿位在正中心位置，這片森林正好可以讓參拜者感受到神聖莊嚴的氣氛，油然升起崇敬之心。

　　從 JR 原宿車站走到神社境內，眼前是漫長寬敞的南參道，大概也唯有如此才能容納新年初詣期間動輒 3 百多萬的參拜人潮，接著左手邊有一座鳥居，高 12 公尺，是日本最大的木造明神鳥居。走到拜殿，仔細看一下御社殿的木頭圓柱會發現有許多細小密集的痕跡，都是民眾初詣時投擲賽錢打到所留下的彈痕，不難想像初詣的盛況。面對大殿左邊兩棵繁盛且外型優美的大樟樹其實來自台灣，許多人前來祈求良緣及婚姻圓滿。

🕐 日出到日落（每月均略有不同）

🚃 JR 山手線「原宿駅」、地下鐵千代田線・副都心線「明治神宮前駅」

🌐 http://www.meijijingu.or.jp

官網　　　　　地圖

明治神宮博物館
明治神宮ミュージアム

　　為迎接明治神宮鎮座百年祭，「明治神宮博物館」在 2019 年 10 月開館，是隈研吾擔綱的最新力作，十足的開放感設計與神宮境內蔥鬱的森林巧妙融合，博物館內展示眾多與明治天皇及昭憲皇太后有關的御品。

🕐 10:00 ～ 16:30

📅 星期日

💴 大人 1,000 日圓、高中以下 900 日圓

🚃 JR 山手線「原宿駅」表參道口徒步 5 分鐘、地下鐵千代田線・副都心線「明治神宮前駅」2 號出入口徒步 5 分鐘

🏤 渋谷区代々木神園町 1-1

🌐 https://www.meijijingu.or.jp/museum/

官網　　　　　地圖

豆知識：
明治神宮佔地廣達 70 萬平方公尺，是一片不折不扣的人工森林，建造當時由日本各地奉獻 10 萬棵植栽，設計之初就以打造「永遠的森林」為目標。

原宿

如果搭 JR 山手線，原宿是距離明治神宮最近的一站，出站後右轉很快就能抵達通往明治神宮的神宮橋。原本的 JR 原宿駅是一座造型可愛的木造車站，建於大正年間，二層的建築、屋頂上有座尖塔，搭配白色外牆，是當時流行的英國田園風格，充滿大正浪漫氣息，與神宮的森林搭配起來也很協調，原是當地的地標，可惜因為老朽，已在 2020 東京奧運結束會拆除，日後重建時將盡可能將原貌重現。

原宿車站的另一個出入口設在高架橋下，正對著時髦流行的「竹下通り」，不甚寬敞的小路，洋溢著可愛的氣息，作為日本年輕人「可愛文化」（カワイイ文化）的發信地，兩旁的雜貨、服飾、保養品、甜點店家無不卯足全力，以最流行的商品設計來吸引年輕少女目光，適合邊走邊吃的可麗餅即是從原宿發揚光大的招牌甜點，色彩繽紛的口味組合，讓人目不暇給，日本這一波珍珠奶茶熱潮中，原宿也成為店家最密集的激戰區。

竹下通り

🌐 https://www.takeshita-street.com/

官網

❶ 竹下通り ❷ JR 原宿車站

澀谷 渋谷

從原宿站搭乘 JR 山手線內回方向，下一站就是另一個年輕人的流行大本營「澀谷」。這幾年在東急集團的帶動下，澀谷車站周邊不斷進行大規模改造及整備工程，每隔一段時間來到這裡都會覺得風貌又變了。

澀谷車站匯集東急東橫線・田園都市線、JR 山手線、京王井之頭線、東京 Metro 銀座線・半藏門線・副都心線，其中副都心線的站體由安藤忠雄設計，以「地下深處浮遊的宇宙船」為概念，打造出像雞蛋的橢圓形狀，活脫像是一艘宇宙船的車站，特殊的構造讓位在地下深處的車站空氣依然能流通，不但對環境友善，更是世界上獨一無二的設計。

車站每天利用的乘客非常多，尖峰時刻的混雜程度也很可觀，眾多出入口讓人眼花撩亂，因為光是東京 Metro 就有 16 個、東急更有多達 20 個出入口，建議就鎖定「八公口」（八チ公口）出站。以忠犬八公命名的出入口，紀念銅像就矗立在站前廣場的一個角落，附近經常聚集著人群，是澀谷最有名的會面點，車站牆面也以八公的故事作成浮雕裝飾。

廣場外就是澀谷最有名的全向十字路，車站對街的大樓外牆化身大型螢幕，終日聲光交錯，每當人行道指示轉成綠色時，數以千計的行人快速的過馬路，壯觀的畫面早已名聞世界，成為各國觀光客的必訪景點。曾經有電視台及攝影師想挑戰拍攝完全無人的澀谷街頭，不過難度實在太高，至今尚未有成功拍攝到的紀錄。

車站正前方是道玄坂，站在廣場就能看到不遠處圓塔建築頂層醒目的 109 字樣，這棟正是澀谷流行文化的發源地「SHIBUYA109」百貨，以年輕人為主要客群，進駐的美妝、服飾、雜貨品牌都別具特色，目標就是要永遠走在流行的最前線；Tsutaya 書店左側是永遠擠滿逛街人潮「渋谷センター街」（澀谷

中央街），有許多平價餐飲、藥妝店，與中央街平行的井之頭り上則有規模較大的「西武百貨澀谷店」、大型服飾店 FOREVE21 及 LOFT。

澀谷逛街的樂趣在於眾多的「通」或「坂」，常常鑽入另一條，街道的表情就不一樣。比如說從 Bershka 旁的「スペイン坂」（西班牙坡道），約 3.5 公尺寬的小路，兩旁開著許多異國風情的小店，全長 100 公尺說來不長，卻有著別於其他街道的樂趣，循著階梯而上，能通往 Uniqlo 及 PARCO 百貨。

與車站直接連結也有好逛的商場，往東口方向走可連通到「渋谷ヒカリエ」（澀谷 Hikarie），是東急集團在澀谷地區 9 個再開發案中最早完成的複合式商業大樓，B3 ～ 5F 的賣場稱為 ShinQs，有符合澀谷商圈年輕取向的店舖，也可以找到許多高品質的 Made in Japan 商品，例如來自京都的化妝品名店「よーじや」、網羅日本最酷雜貨的「カタカナ」，還有販賣各地美食逸品的「久世福商店」。另外 6F ～ 7F 的餐廳分別命名為 dining 6、TABLE 7，共有 26 間餐飲店，和、洋、韓式料理一應俱全。

❶澀谷最有名的全向十字路 ❷澀谷車站 ❸ 八公像

ShinQs

🕐 11:00 ～ 21:00（部分店家略有不同）

🚈 東急東橫線 · 田園都市線、地下鐵半蔵門線 · 副都心線「渋谷駅」15 號 出口直接連結

🏠 渋谷区渋谷 2-21-1

🌐 https://www.tokyu-dept.co.jp/shinqs/index.html

官網　　　　地圖

SHIBUYA SCRAMBLE SQUARE 渋谷スクランブルスクエア

　東急集團的最新力作「SHIBUYA SCRAMBLE SQUARE」在 2019 年 11 月 1 日正式開幕後，立刻成為澀谷最熱門話題，同樣結合辦公室、商場，特別的是還有一整層的「共創施設」。樓高 230 公尺比澀谷 Hikarie 還高出一大截，B2 ～ 14 樓主要為餐廳及賣場，包括鼎泰豐、中川政七旗艦店、Tokyu Hands 都進駐其中，完善的規劃消解了這一區過往辦公大樓不足的問題，未來數年將會是帶動澀谷發展的重要地標。頂樓露天式的展望設施「SHIBUYA SKY」（渋谷スカイ）設在 229 公尺，能以高視角俯瞰澀谷十字路口，更能眺望東京鐵塔、新國立競技場、富士山等景點，絕讚的視野與開放感頗有與晴空塔一較高下之氣勢。

🕐 10:00 ～ 21:00（12 及 13 樓餐廳 11:00 ～ 23:00）

🚇 東急東橫線・田園都市線・地下鐵半藏門線・副都心線「渋谷駅」B6 出口直接連結

🏢 渋谷区渋谷二丁目 24 番 12 号

🌐 https://www.shibuya-scramble-square.com/zh_tw/

SHIBUYA SCRAMBLE SQUARE官網　　地圖

SHIBUYA SKY

🕐 10:00 ～ 22:30

🎫 當日券大人 2,000 日圓、中學以上 1,600 日圓、小學生 1,000 日圓、3 ～ 5 歲 600 日圓

🌐 https://www.shibuya-scramble-square.com/sky/

SHIBUYA SKY官網

宮下公園

　　從 JR 澀谷車站往原宿的方向、沿著高架鐵道旁的小路走，大約 3 分鐘就能抵達「宮下公園」。落成於 1966 年，是東京第一個建在屋頂的公園，2020 年夏天全新整建，成了結合公園、商業施設、旅館、停車場的複合商業施，連精品 Louise Vuitton 都選在此進駐，設立了世界第一間男士旗艦店。

　　公園依然位在屋頂，有運動用的沙灘、攀岩和滑板場，還有一大片的草地，是越來越密集的澀谷高樓群中難得的綠洲。三井不動產經營的商業設施「Rayard」位於 1 到 3 樓，在全長逾 300 公尺的空間進駐了約 90 間店鋪，其中一樓的「澀谷橫丁」匯集了沖繩到北海道的當地美食，並以昭和時代的風格設計，非常具有特色。

🕐 8:00 ～ 23:00、商店 11:00 ～ 21:00、餐廳 11:00 ～ 23:00

🚇 JR「澀谷駅」徒步 3 分鐘

🏢 東京都渋谷区渋谷 1-26-5

🌐 https://www.seibu-la.co.jp/park/miyashita-park/

官網　　地圖

蔦屋書店

　　如果覺得澀谷太過喧囂，那就搭上東急東橫線來「代官山駅」吧，雖然僅相隔一站，街頭氣氛卻截然不同，整潔的住宅街道，大使館林立，車站周邊開設不少流行、藝術、異國飲食的特色店家，讓代官山充滿文化氣息，並展現獨特的氣氛，在世界最美書店之一的「蔦屋書店」開幕後，更強化了這項特質。

這裡的正式名稱是代官山 T-Site，三棟主建築以低密度的方式規劃，戶外空間綠樹環繞，讓書店宛如「森林裡的圖書館」，室內沉穩的風格只要是愛書人一定一眼就會愛上這裡，「人文‧文學」、「藝術」、「建築」、「車子」、「料理」的書籍分門別類陳列，還有從主流到小眾都網羅的全東京最齊全的「Magazine Street」，在旅遊書專區如果閱讀或是看了電影之後感到心動，一旁還有 T-Travel 幫顧客規劃旅行服務，極富生活品味的商品陳設，在在都帶給人前所未有的書店體驗，是可以滿足大人玩心的樂園。無論內外空間皆美，難怪會被選為世界最美的書店。

🕐 7:00 ～ 23:00
🚇 東急東橫線「代官山駅」徒步 5 分鐘
🏢 渋谷区谷区猿楽町 17-5
🌐 https://store.tsite.jp/daikanyama/

官網　　　　地圖

目黑周邊

中目黑 中目黑

代官山再下一站是中目黑，對東京人來說，是高級住宅區的代名詞。中目黑車站外的目黑川沿岸種植約 800 棵染吉野櫻，由南挺進的櫻花前線壓境之際，盛開的櫻花會將不算寬闊的河岸兩旁妝點的猶如櫻花隧道，美到令人屏息，當地同時會舉辦「中目黑桜祭り」，屋台小吃林立，是年度一大盛事。

星巴克在稍微遠離車站的水岸邊開了一棟「星巴克臻選 ® 東京烘焙工坊」，四層樓的建築由隈研吾設計，屋頂矗立著醒目的星星及 R 的標誌，2019 年春天開幕後適逢櫻花盛開，粉絲們即便等上 2、3 個小時也要入內朝聖，在全世界僅 5 間店舖的 ROASTERY 裡邊享用咖啡邊欣賞滿開的櫻花。

❶ ❷ 中目黑櫻花 ❸ 星巴克臻選 ® 東京烘焙工坊

STARBUCKS RESERVE® ROASTERY TOKYO

🕐 7:00 ～ 22:00
🚇 東急東橫線、地下鐵日比谷「中目黑駅」徒步 14 分鐘
🏢 目黑区青葉台 2-19-23
🌐 https://www.starbucks.co.jp/roastery/

官網　　　　地圖

等等力溪谷 等々力渓谷

　在東急電鐵「等等力站」（等々力駅）附近，有一處因「谷沢川」流經而形成長約 1 公里的「等等力溪谷」，規模雖然不大，卻是東京都 23 區內唯一的天然溪谷，茂盛的植物樹林，30 處以上的湧水形成多處濕地，是一處珍貴的都會綠洲。要安排等等力溪谷行程，建議可以在澀谷車站買一張「東急電鐵 Triangle Ticket」，先到代官山蔦屋書店，接著繼續搭乘東急東橫線到自由が丘駅轉大井町線，第三站就是等等力站，出站後跨過平交道，沿著主要道路走經過「成城石井」超市後立刻右轉，就能看到等等力溪谷入口的看板。

　順著遊步道前進，首先會看到頭頂上的「高爾夫橋」，紅色的鋼構橋梁與綠意形成鮮明的對比。略顯狹窄的步道盡量為溪谷保持自然風貌，幾座跨越河川的小橋各有不同面貌，也是在溪谷散步的樂趣。溪谷散步的尾聲有一處像是老舖料亭的地方，是昭和時代所建的「日本庭園・書院」，順著庭園內蜿蜒的石疊路來到書院，內部展示等等力溪谷的照片及歷史。

🕐 常時開放（建議白天前來）
🚈 東急電鐵大井町線「等々力駅」徒步 3 分鐘
🌐 https://reurl.cc/rLkaoZ

官網　　　　地圖

世田谷周邊

二子玉川

　接著利用手上的 Triangle Ticket，搭乘東急電鐵來到這三角形區域的另一角「二子玉川站」。俗稱「フタコ」的二子玉川位在世田谷區的西南邊的位置，與神奈川縣只有一河之隔，是以住宅為主而形成的市街。這一站是個購物天堂，從中央剪票口出站就是大型購物中心「RISE」，分成 station market、town front、river front，以及包含「二子玉川蔦屋家電」的 terrace market 等 4 大區域，這是日本唯一一家的蔦屋家電，維持書店一貫高雅生活品味的特色，吸引不少專程造訪的愛好者。

❶ 二子玉川駅 ❷ RISE

RISE

🕐 10:00 ～ 20:00（餐廳 11:00 ～ 23:00）
🚈 東急電鐵田園都市線・大井町線「二子玉川駅」直接連結
🗾 世田谷区玉川 2-21-1
🌐 http://sc.rise.sc/

官網　　　　地圖

玉川高島屋 S・C

　　讓消費者掏錢的賣場可不只有 RISE，西口還有在 2019 年迎接開店 50 週年的「玉川高島屋 S・C」，賣場規模相當驚人，包含 7 層樓以百貨店為主的本館，以及整棟都是專門店、11 層樓高的南館，各式店舖齊全，是東急田園都市一帶沿線及當地居民假日休閒購物最常利用的設施。推薦可以到本館的屋頂庭園，廣闊的空間綠意盎然，平整的草皮是小孩的最佳遊樂場，庭園設有露天座位，可以帶著在地下 1 樓食品賣場買的食品來此享用。

🕙 10:00 ～ 20:00
（餐廳 11:00 ～ 22:00)

🚃 東急電鐵田園都市線 · 大井町線「二子玉川駅」徒步 2 分鐘

🏠 世田谷区玉川 3-17-1

🌐 https://www.tamagawa-sc.com/

官網　　　地圖

世田谷線

　　搭乘東急電鐵田園都市線前往「三軒茶屋駅」，當地人習慣簡稱為「三茶」，附近有昭和女子大學，平日學生眾多，商店街及巷子裡藏有不少懷舊老店，「世田谷的下町」也成為這裡的魅力。

三軒茶屋

　　出閘門後可利用地下通道前往世田谷線的三軒茶屋駅，仿紅磚造帶著歐風的復古站體，搭配月台上圓弧形屋頂，頗有迷你中央車站的氣勢。世田谷線是東京都內唯二僅存的路面電車，規模很迷你，全長僅 5 公里，有 10 座車站，車輛都是兩節編成的新式低底盤車輛，每輛塗裝的顏色都不相同，為行經的住宅區增添不少繽紛色彩。這條多為當地區民日常使用的路線，沿線附近仍有「若林踏切」、「松陰神社」、「豪德寺」等景點，如果要途中下車的話，建議可在車站購買「世田谷線散策きっぷ」，就能不限次數的上下車。

　　搭車前可先到與車站連結的「キャロットタワー」（胡蘿蔔塔），樓高 27 層，是三軒茶屋的地標，26 樓有免費的展望台，天氣好的時候往西邊可以看到富士山，往下望去，行駛在鐵軌上的路面電車變得比模型還要小，「FM 世田谷」的錄音室也在同一樓層。

❶ 三軒茶屋駅 ❷ 胡蘿蔔塔展望台

若林踏切

電車緩緩駛離三軒茶屋，經過「西太子堂」後在抵達下一站「若林」前會經過一處沒有柵欄的大路口，名為「若林踏切」，日文「踏切」是平交道的意思，信號轉換後寬敞的環狀 7 號線南北向汽車全部停下來等紅燈，只見電車與同方向的行人、自行車彷彿過馬路般的一起通行，是最富路面電車風情的畫面，這處踏切也成了鐵道迷口耳相傳的必訪景點。

松陰神社

接著來到「松陰神社前」，車站以位於北側的松陰神社來命名。與坂本龍馬同一年代的幕府末期思想教育家吉田松陰（1830～1859 年），在幕府大老井伊直弼發動的「安政大獄」中喪命，之後被高杉晉作移葬至此。松陰先生為日後明治新政府培育出眾多人才，後人十分景仰並視為學問之神，參拜者絡繹不絕。

🕐 7:00 ～ 17:00
🚃 東急世田谷線「松陰神社前駅」徒步約 3 分鐘
🏠 世田谷区若林 4-35-1
🌐 https://www.shoinjinja.org/

官網　　　地圖

宮之坂站 宮の坂駅

宮之坂站月台旁停了一節綠色塗裝的車廂，是會讓老一輩居民感到懷念的世田谷線骨董級車輛，從東急前身的玉川電鐵時代就開始載客服務，還曾經讓渡給江之電使用，車身上留下的 601 是江之電時代的編號，退役後回到世田谷，頗有榮歸故里的感覺，現在由宮坂區民中心管理保存，可自由入內參觀休憩。

宮の坂駅旁骨董電車

離宮之坂站不遠的「豪德寺」是曹洞宗的寺院，境內氣氛莊嚴，松樹林參道、三重塔、木造本堂都值得仔細端詳，不過大家似乎都對寺內成千上萬隻的招財貓（招き猫）更感興趣。豪德寺供奉帶來福氣招財貓的信仰，與幫助德川家康平定天下的彥根藩有關，江戶時代彥根藩二代當家井伊直孝有一次帶著老鷹外出狩獵，回程途經一座佛寺前遇到一隻向他招手的白色貓咪，直孝覺得有些好奇，於是就進入寺內，隨後雷電交加，變成一場狂風暴雨，這隻住持養的貓咪等於是幫助藩主躲過一場雷雨，同時聽聞住持談論佛法後，深感法喜。

經由這隻貓咪與井伊直孝結緣，讓豪德寺從原本非常不起眼的小寺，一躍成為井伊家的菩提寺而日益繁盛，這裡也成為招財貓的發祥地，滋賀縣的彥根也因為這個典故，以彥根貓作為地方的吉祥物。位在佛殿左側的「招福堂」奉祀招福觀音，一旁的奉納所，民眾供奉著難以數計的招財貓，如此衝擊性的光景，其他地方應該也找不到了。

豪德寺與井伊家關係深厚，從二代直孝開始，共有六代藩主的墓所在此，包括最有名的井伊直弼，在幕末櫻田門外之變中被水戶藩的浪人暗殺，成為加速幕府垮台的重要導火線，「第十三代井伊直弼之墓」也被東京都指定為史跡。

❶ 豪德寺的招財貓 ❷ 豪德寺繪馬 ❸ 豪德寺招福堂

🕐 6:00 ～ 18:00
🚉 東急電鐵世田谷線「宮の坂駅」徒步 5 分鐘
🏠 世田谷区豪德寺 2-24-7

地圖

離開豪德寺後繼續搭乘世田谷線，電車緩緩駛進終點「下高井戶駅」，是可以轉乘京王電鐵的大站，平交道前是傳統的下高井戶市場，附近有大學校區和中學，商店和餐廳也很生活化，就像學校附近的商圈，傍晚學生三三兩兩的走往車站，讓放學後的街道多了些青春喧鬧的氣息。世田谷線長度不長，也稱不上觀光取向的路線，卻可以感受東京生活的日常，讓人不自覺把步伐放慢了些，值得找個自由行的下午來一趟輕鬆的沿線探訪。

下高井戶駅前市場

新宿・池袋・巢鴨

新宿周邊

新宿車站 新宿駅

新宿是許多人認識東京的起點,超高大樓林立,街上川流不息的人潮,怎麼樣都逛不完的百貨商場,都是新宿給人的第一印象。新宿車站更是全日本每天使用人數最多的車站,每天進出人數超過 300 萬人次,是金氏世界紀錄認定世界最繁忙的車站,超過 30 個月台、60 個以上的出入口,讓新宿車站猶如超大型迷宮,非常不適合當作為會面點。2022 年中,連接車站東口與西口的「東西自由通路」完成,大大提升新宿車站的便利性。

東口

巨大的新宿車站大致可分成東口、西口與南口。新宿最早就是從東口發展起來的,江戶時代的發跡地是甲州街道的起點,稱為「內藤新宿」的宿場。正對 JR 新宿車站東口的 ALTA 是棟時尚及美妝聖地,建於 80 年代初期,就位於 JR 新宿站東口對面,擁有巨型螢幕,是東口熱門的會面點,不遠處的 Cross 新宿,外牆的 3D 大螢幕三毛生動逗趣、栩栩如真,吸引路過人們駐足觀賞,已成為東口新的朝聖景點。

最有名的莫過於歌舞伎町,是東京知名的紅燈區,夜晚站在紅色「歌舞伎町一番街」牌樓前往街道裡面望去,萬頭鑽動的人潮與喧囂的霓虹招牌,是名符其實的不夜城。往與一番街平行的 Godzzila Road 直走,盡頭的 Toho Cinema 大樓彷彿已經被哥吉拉佔領,是近來在新宿引起話題的「格拉斯麗飯店」屋頂的裝飾。

西武鐵道同樣在新宿設站,不過是唯一沒有與其他鐵道共站的系統,西武新宿車站位在新宿車站東口偏北的位置,車站大樓同時也是「西武新宿 PEPE」,有無印良品、GU、CanDo 百圓商店等店舖,每層樓的面積並不大,但有時這樣的規模反而比較容易逛。

❶ 歌舞伎町 ❷ 被哥吉拉占領的「格拉斯麗飯店」屋頂 ❸ 新宿東口繁華街道

西武新宿 PEPE

🕐 11:00 ～ 21:30

🚃 「西武新宿駅」直接連結

🏠 新宿区歌舞伎町 1-30-1

🌐 http://www.seibu-shop.jp/shinjuku/

官網　　地圖

新宿周邊地圖

🚃 庚申塚駅

巢鴨地藏通商店街 ⚫　　駒込駅 🚊 🚃

🚃 巢鴨駅 🚊　　⚫ 六義園

池袋駅 🚊 ⭐ 西武 池袋本店

⚫ 鬼子母神堂

🚃 鬼子母神前駅

面影橋駅 🚃 ⚫ 甘泉園

🚃 早稻田駅

早稻田大學 ⚫

🚊 早稻田駅

⚫ 格拉斯麗飯店

都庁前駅 🚃 ⭐ 西武新宿PEPE

東京都廳舍 ⚫

新宿駅 🚊 🚃　　🚊 新宿御苑前駅

⚫ 新宿御苑

新南口 & 南口

　　新宿車站南口經過多年的改造，在「新宿高速巴士總站」（新宿高速バスターミナル）啟用後，總算脫離工地狀態。東京人習慣簡稱為「バスタ新宿」的總站，將以往分散在新宿車站西口的站牌全部集中，是全日本僅次於東京八重洲的超大型巴士轉運站，最多每天可發出 1,600 班以上的中長程巴士前往日本各地，從新宿車站的「新南改札」走過來是最短的距離，再搭乘手扶梯到 4 樓就可以抵達售票窗口，3F 設有「東京觀光情報中心」（6:30 ～ 23:00），是全東京最棒的一處觀光案內所。

　　巴士總站結合新賣場「NEWoMAN」，是以都會上班族女性為目標客群的賣場。當然，提到南口就會想到 LUMINE 百貨，雄踞新宿車站南口，分成 LUMINE 1、LUMINE 2 兩棟，偏向年輕流行的品牌，與 NEWoMAN 一樣都是 JR 東日本轉投資的子公司。從新南口出站則有大型的新宿高島屋百貨店。

❶ JR 新宿南口 ❷ 新宿高速巴士總站

新宿車站周邊地圖

西口

東京 Metro 丸之內線、小田急及京王電鐵的新宿站都設在西口。

在東京的重要交通結點，百貨公司幾乎是標準配備，西口當然也不例外，有京王及小田急兩間老牌大型百貨公司，其中小田急百貨店本館已經在 2022 年 10 月關閉，結束 55 年的歷史，原址將改建超高層大樓，賣場移轉到 HALC 分館。西宿車站西口對面還有 Yodobashi 等大型家電量販店林立，是西口一大特色。

東京都廳 東京都庁

新宿西口是東京都內最早大規模開發超高層大樓的區域，從 1971 年的「京王 Plaza Hotel」揭開序幕，西新宿從此成為建築師超高大樓的競技場，東京都廳第一本廳舍樓高 243 公尺，在 1990 年底完工後一舉成為東京最高建築物，直到 2007 年東京中城六本木落成後才讓出第一的寶座。

如此重要且戒備森嚴的公家機關，卻有一項錯過就太可惜的佛心設施，位在從外觀看來像是巴黎聖母院的雙塔，從第一本廳舍 1 樓搭乘「展望室專用電梯」，只要 55 秒就能前往位在第一本廳舍 45 樓的「南展望室」或「北展望室」。這處東京最佳的免費展望台距離地面 202 公尺，透過大片的玻璃可將整個東京盡收眼底，在 12 月～ 2 月氣溫較低的冬季，清楚看到富士山的機率相當高。晚上開放時間直到 11 點，可欣賞東京璀璨夜景。

❶ 東京都廳
❷ 東京都廳眺望景觀

- 9:30 ～ 22:00
- 第 2 及第 4 個星期一（北展望室），第 1 及第 3 個星期二（南展望室），遇國定假日正常開放、隔天休息，年末年始
- JR「新宿駅」西口徒步約 10 分鐘、地下鐵大江戶線「都庁前駅」直接連結
- 新宿区西新宿 2-8-1
- http://www.yokoso.metro.tokyo.jp/

官網　地圖

新宿御苑

　　人口稠密且寸土寸金的東京，公園及庭園的數量卻讓人有些出乎意料的多，這與大名屋敷有密切的關聯。德川幕府時代的江戶有多達 7 成的土地屬於武家用地，進入後明治時代，各大名的屋敷及別邸被新政府接收，這些佔地廣大的大名宅邸絕大多數被整備為庭園或公園，濱離宮恩賜庭園如此，新宿御苑也有相似的歷史。

　　搭乘東京 Metro 丸之內線，在抵達新宿的前兩站「新宿御苑前」下車，從 1 號出口車站後往右手邊直走，眼前枝繁葉茂的地方就是新宿御苑。

　　新宿御苑佔地廣達 58.3 公頃，園裡種植超過 1 萬棵的樹木，綠樹成蔭，和咫尺之遙的新宿現代化超高層建築群大異其趣。從山茶花到寒梅，春夏秋冬四季都有具代表性的盛開花種，當然，最吸引人的還是櫻花，多達 65 個品種、約 1 千顆櫻花，每年最早從 2 月中旬開始就有早開的櫻花綻放，最遲到晚春 4 月下旬「一葉櫻」（イチヨウ）的花瓣才陸續散落，花期之長，讓錯過短暫染吉野櫻滿開的人也有機會看到櫻花盛開的景象。利用御苑旁造型特殊的 NTT DOCOMO 代代木大樓為背景，拍攝和滿開櫻花相襯的照片，是每年攝影愛好者相當喜歡的取景角度。早春時節，還有全力綻放白木蓮、水仙花，不讓櫻花專美於前，共譜屬於春天的樂章。靠近「大木戶門」出口附近有一個大溫室，能欣賞到許多珍稀的植物，離場前不要錯過了。

- 🕐 10 月 1 日～3 月 14 日 9:00～16:30、3 月 15 日～9 月 30 日 9:00～18:00（7 月 1 日～8 月 20 日～19:00）
- 📅 星期一（遇假日則隔天休息）、年末年始
- 💴 大人 500 日圓、65 歲以上 250 日圓、高中生以上 250 日圓、中學生以下免費
- 🚇 地下鐵丸ノ內線「新宿御苑前駅」出口 1 徒步 5 分鐘
- 🏠 新宿区內藤町 11
- 🌐 http://fng.or.jp/shinjuku/

官網　　　地圖

早稻田大學 早稲田大学

　　以政經學院聞名的日本名門私立大學，最出名的校友無疑就是村上春樹了。早稻田大學校園採開放式設計，一般民眾也可自由進出。在都電「早稻田駅」下車，右轉沿著大隈通り走，就能抵達正門口，首先映入眼簾的是早稻田大學的地標「大隈講堂」，以早大創辦者大隈重信命名。講堂建築採不對襯式設計，一側有鐘塔，流露羅馬式建築的氣息，一旁的大隈庭園原本是大隈重信宅邸的庭園，後來捐贈給學校，有大片的草地，是校園內最佳開放空間，常有學生在此舉行各項活動。

　　早稻田大學校內廣泛種植銀杏樹，進入深秋後這些銀杏並木的樹葉陸續轉黃，讓校園變得色彩繽紛，呈現出與夏天截然不同的氛圍，吸引許多人特地前來，是東京有名的銀杏景點。

❶早稻田大學 ❷早稻田大學大隈講堂

🚇 地下鐵東西線「早稻田駅」徒步 4 分鐘，都電荒川線「早稻田駅」
　　徒步 5 分鐘
🏠 新宿区戸塚町 1-104
🌐 https://www.waseda.jp/

官網　　　地圖

甘泉園

　　搭乘都電荒川線抵達終點早稻田駅的前一站「面影橋」，路線案內圖介紹這一站周邊的唯一景點就是「甘泉園」，名字頗吸引人，令人想下車探訪。甘泉園的歷史可追溯至江戶時代，由於庭園中央的湧水適合用來泡茶，猶如甘露，因而得名，文化 8 年（1811 年）曾立了一塊「甘泉銘並序」的石碑讚揚這處湧水。這裡最早是德川御三卿之一清水家的下屋敷，所有權幾經遞嬗，現在是新宿的區立公園。面積達 1 萬 4 千平方公尺的回遊式庭園，以「山吹之井」為中心的水池，春天展新綠、夏天有杜鵑、秋天有紅葉，與水池照映出美麗的景觀，入選日本的歷史公園百選之一。

🕐 7:00 ～ 19:00（11 到 2 月～ 17:00）
🚇 都電荒川線「面影橋駅」徒步 3 分鐘
🏠 新宿區西早稻田 3-5 番
🌐 https://www.city.shinjuku.lg.jp/seikatsu/file15_03_00011.html

官網　　　地圖

池袋車站 池袋駅

池袋車站是東京都內另一大站，包括 JR 埼京線、山手線、湘南新宿線，東京 Metro 丸之內線、有樂町線、副都心線，東武鐵道（東武）、西武鐵道（西武）都在此設站，每天旅客多達 2 百多萬人次，是東京僅次於新宿的第二大站。東武、JR、西武三大鐵道公司的車站呈縱向整齊排列，JR 池袋站穿堂位在 B1，形狀方整，只要多抬頭看指標，相較大魔王等級的新宿車站要單純許多。

反倒是位於 JR 兩側的鐵道系統容易讓人混淆，位於 JR 池袋站東口的是西武鐵道，西口則是東武鐵道，這兩大鐵道端點站都伴隨自家的百貨公司，分別是「西武池袋本店」及「東武百貨店池袋店」。兩大百貨賣場面積分居東京百貨公司的一、二名，西武池袋本店業績更是優異，位於 B1 ～ B2 的食品館無論是甜點、伴手禮、熟食小菜、生鮮、便當等種類非常齊全，是首都圈最受歡迎的百貨食品館，買了外帶美食也不用擔心沒有地方享用，9F 屋頂的「食と緑の空中庭園」有寬敞的空間及座位，即便是攜帶外食百貨公司也表示歡迎。車站東口 Bic Camera、LABI 等大型 3C 店林立，是有名的家電激戰區，還有 PARCO 百貨，可說是一處購物天堂。

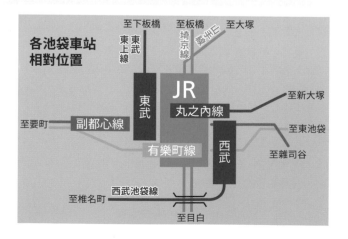

❶ JR 池袋駅 ❷ 西武池袋駅 ❸ 西武池袋本店

西武池袋本店

🕐 星期一～六 10:00 ～ 21:00，
　星期日、國定假日～ 20:00

🚊 JR「池袋駅」東口直接連結

🗺 豊島区南池袋 1-28-1

🌐 https://www.sogo-seibu.jp/ikebukuro/

官網

地圖

各池袋車站相對位置

至下板橋　至板橋　至大塚
東武東上線　埼京線　荒川巨
JR
丸之內線　至新大塚
東武　至東池袋
至要町　副都心線
有樂町線　西武　至雜司谷
西武池袋線　至椎名町
至目白

東京巨蛋城 東京ドームシティ

　　從搭乘東京 Metro 丸之內線來到後樂園，站內的佈置讓人彷彿走進童話世界，出站後走上天橋，日本野球聖地「東京巨蛋」巨大的白色屋頂就在眼前，耳邊不時可以聽到從空中傳來尖叫聲，是從 Tokyo Dome City 的遊樂設施「Thunder Dolphin」上的遊客所發出，雲霄飛車以 80 度的傾斜角度高速穿過摩天輪中央，刺激度滿點。

　　繞了約半個巨蛋來到正門口，就可以看到綠色 TOKYO DOME 字樣。作為日本職棒歷史最悠久的名門「讀賣巨人隊」主場，出入口的設計上傳達出球隊輝煌的歷史，一壘側取名為 Oh Gate（王ゲート），三壘側是 Nagashima Gate（長嶋ゲート），分別以不朽的兩位傳奇球星王貞治及長嶋茂雄命名，是從前身「後樂園球場」就延續下來的傳統。

　　每年 3 到 10 月的職棒球季，數十場的巨人軍主場比賽在此舉行（少數比賽會移到地方球場），由於地主隊球迷原本在日本就是數一數二的多，一旦對戰到阪神虎、廣島鯉魚兩支人氣球隊時，更是一票難求。球場約可容納 46,000 人，觀眾席分的很細，有近 20 種可以選擇，票價從 1,000 日圓到超過 1 萬日圓不等，當然一分錢一分貨，越靠近場內價格就越高。

　　巨蛋對面的 LaQua 是一棟百貨賣場，餐廳的選擇很豐富，還附設溫泉設施。遊樂園 Attraction 可以免費入場，想玩哪一項設施再個別付費，如果想無限暢遊也可以選擇所有設施都能玩的 1 日券。如果是帶小孩，可選擇室內的 Asobono，大海造型的球池可以讓小朋友玩到不亦樂乎。整個 Tokyo Dome City 設施多元，足以排個半天以上的行程。

🕐 Attraction 10:00 ～ 21:00、LaQua 11:00 ～ 21:00（餐廳～ 23:00）、Asobono 9:30 ～ 19:00（平日 10:00 ～ 18:00）

🚇 地下鐵丸之內線・南北線「後樂園駅」2 號出口、JR「水道橋駅」西口、地下鐵三田線「水道橋駅」A2 出口、地下鐵大江戶線「春日駅」6 號出口

🏠 文京区後楽 1-3-61

🌐 https://www.tokyo-dome.co.jp/

❶ Thunder Dolphin ❷ 東京巨蛋 ❸ 野球殿堂博物館 ❹ 東一壘側的 Oh Gate ❺ 東京巨蛋場內

官網　　　　地圖

> 豆知識：
> 日本人在描述面積時，喜歡以有幾個東京巨蛋大小來比喻，東京巨蛋面積為 46,775 平方公尺，1988 年落成啟用，建造費 350 億日圓。

東京巨蛋・御茶水・秋葉原

小石川後樂園 小石川後楽園

　在江戶時代初期由水戶藩二代藩主德川光圀所完成的庭園，在修築時他聽取了東渡日本的明朝儒學家朱舜水的意見，以范仲淹「先天下之憂而憂，後天下之樂而樂」的古訓，將庭園取名為「後樂園」，是東京都內的紅葉名所。

　小石川後樂園以水池「大泉水」為中心，園內許多景觀多以中國的名所來命名，還有朱舜水設計的円月橋，讓這座「回遊式築山泉水」的大名庭園增添許多中國風味。園內擁有如同江戶時代的深山幽谷景緻，秋天楓葉轉紅點綴水池，是最佳造訪季節，不過也由於距離東京巨蛋實在太近，還能看到大泉水倒映巨蛋白色屋頂、彷彿異世界的特殊景象。

- 🕘 9:00 ～ 17:00
- ◎ 300 日圓、65 歲以上 150 日圓
- 🚇 地下鐵大江戶線「飯田橋駅」C3 出口徒步 3 分鐘、丸之內線・南北線「後樂園駅」中央口下車徒步 8 分鐘
- 🗺 文京区後樂一丁目
- 🌐 https://www.tokyo-park.or.jp/park/format/index030.html

　　　官網　　　　地圖

東京大學 東京大学

　來到與後樂園站相鄰的「本鄉三丁目駅」，許多日本人腦海自然浮現出的是東京大學。最具代表性的校門「赤門」是一座木造門，建於幕府時代（1827年），是當時加賀藩前田家為了迎接從將軍家嫁來的女兒溶姬，依照慣例建造塗滿朱漆門，全名為「舊加賀屋敷御守殿門」。事實上東大校園原本幾乎都是加賀藩上屋敷的範圍，赤門是僅存的大名屋敷遺構，顯得彌足珍貴。赤門只有在平日才會打開中央大門，週末僅會開小門，似乎也象徵著進入東大必須擠進窄門。

　校園內的建築非常精彩，大多建於大正及昭和時代初期，無論在建材及設計型式上都很有一致性，最經典的當屬「安田講堂」，典型的哥德式風格，與赤門同為東大的象徵。安田講堂前是一整排的銀杏並木，一路通往東大真正的大門，一進入深秋，是東大最美的景色，東大的校徽也以兩片交疊的銀杏葉來呈現。步道中段對稱的法文學部 1、2 號館，同樣為哥德式建築，猶如教會內部迴廊，早晨的陽光灑落其間，有種來到歐洲校園散步的感覺。

❶ 東大銀杏步道 ❷ 赤門

安田講堂

官網　　　　地圖

地下鐵丸之內線「本鄉三丁目駅」徒步 8 分鐘、都營地下鐵大江戶線「本鄉三丁目駅」徒步 6 分鐘、地下鐵南北線「東大前駅」徒步 1 分鐘

文京区本鄉 7-3-1

https://www.u-tokyo.ac.jp/ja/index.html

東京巨蛋周邊地圖

谷中ぎんざ
やなか珈琲店
日暮里木駅
千駄木駅
あかじ坂
藍染大街
根津神社
東大前駅
根津駅
東京大學
不忍池
春日駅
舊岩崎家宅邸庭園
本鄉三丁目駅
湯島駅
後樂園駅
東京巨蛋城
小石川後樂園
神田明神
秋葉原
湯島聖堂
飯田橋駅
水道橋駅
新御茶ノ水駅
御茶之水
新御茶ノ水駅
神田神保町

❶ 在聖橋上欣賞群車亂舞駅 ❷ 御茶水藝術野餐

御茶之水 御茶ノ水

　　東京的地下鐵系統大抵都在地面下行駛，東京自由行經常會利用到的丸之線，從荷茗谷駅開始，為了配合地勢，時而在地底，有時又來到高架，一直到出了御茶ノ水駅、從聖橋旁的鐵軌鑽入JR總武線軌道下方，才回到地底，是少數可看到窗外景色的路線。

　　從丸之線的御茶ノ水駅的 1 號出口出站，沿著步道及階梯登上「聖橋」走到橋的中央，緊鄰神田川的 JR 御茶ノ水駅月台上頻繁流瀉著 JR 標準的進站音，總武線及中央線的列車進站後短暫停靠隨即又揚長而去，加上為了渡過神田川讓人驚鴻一瞥的丸之內線電車，三條路線立體交叉群車共舞的景象，是侯孝賢導演電影《珈琲時光》結尾經典的一幕。

　　JR 御茶ノ水駅站前的茗溪通り是一條單行道，兩旁平價餐飲、樂器店林立，每年 10 月中的週末會封街 2 天，舉辦「御茶水藝術野餐」（お茶の水アートピクニック）活動，鄰近大學生或專業創作者總是共襄盛舉，將都會的中心打造成一處能自由體驗的藝術空間。

湯島聖堂

　　御茶ノ水的地名源自一處湧泉，水質清澈，有人獻給二代將軍德川秀忠用來泡茶，因而獲到「御茶水」之美名。在江戶時代這附近多是武家屋敷，明治維新後，御茶水一帶聚集明治大學、東京醫科齒科大學、順天堂等知名學府，加上專門學校、補習班，是日本國內最大的學生街。能形成如此文風鼎盛的區域其來有自，江戶幕府第 5 代將軍德川綱吉為了振興儒學，在 1690 年將原先位在上野的孔子廟移到此地，擴大規模，創建大成殿，並與附屬建物統稱為「聖堂」，1797 年寬正年間開設幕府直轄學校「昌平坂學問所」，可說是日本學校教育的發祥地。

🕘 9:30 ～ 17:00（冬季～ 16:00），大成殿僅在週末及國定假日開放（10:00 ～閉門時間）

🗓 8 月 13 ～ 17 日、12 月 29 日～ 31 日

🚃 JR 御茶ノ水駅、地下鐵千代田線「新御茶ノ水駅」徒步 2 分鐘、地下鐵丸の內線「御茶ノ水駅」徒步 1 分鐘

🏠 文京区湯島 1-4-25

🌐 http://www.seido.or.jp/index.html

官網　　　　地圖

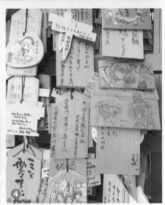

❶ 神田明神御神殿 ❷ ❸ 神田祭盛況 ❹ 神田明神動漫繪馬

神田明神

　　湯島聖堂大成殿後方圍牆外不遠處有一座醒目的青銅大鳥居，是香火鼎盛的「神田明神」。正式名稱是「神田神社」，是東京中心 108 個町會的總氏神，地位崇高，有「江戶總鎮守」之威名，當地人習慣以「明神さま」尊稱。

　　御神殿參拜人潮不斷，由於鎮守區域公司行號眾多，許多企業都會來此祈求，也因鄰近秋葉原，IT 人員也會來此參拜，神社推出「IT 情報安全守護」御守，保佑資訊設備順利運行、客戶資料不外洩；因為人氣卡通《Love Live!》的關係，神田神社更成了動漫聖地，結合這齣卡通的動漫繪馬相當吸晴，許多參拜者以畫代寫，在繪馬上畫出生動的漫畫，不時還可以看到神人等級之作。

　　最熱鬧的是在 5 月中旬舉行的「神田祭」，逢西元奇數年的大祭規模更大，是江戶三大祭之一，因山車獲准能進到江戶城內供將軍觀賞，因此又稱為「天下祭」，與京都「祇園祭」、大阪「天神祭」並稱日本三大祭。在即將進入初夏的東京街頭，各町會約百座大小神轎、山車，穿過東京市中心，緩緩往神田明神前行，猶如台灣的遶境廟會，神田祭期間神社內各式表演活動不斷，並有各式攤販，如果這時前往東京請不要錯過這難得祭典。

🕐 24 小時

🚈 地下鐵丸の內線「御茶ノ水駅」1 號出口徒步 5 分鐘、JR「御茶ノ水駅」
　聖橋口徒步 5 分鐘

🏯 千代田区外神田 2-16-2

🌐 https://www.kandamyoujin.or.jp/

官網　　　　地圖

舊岩崎邸庭園 旧岩崎邸庭園

如果對於建築有興趣，可以走到東京 Metro 新御茶ノ水駅，搭一站到湯島駅，附近有一棟建於明治時代的豪邸。湯島駅位於上野公園西邊，前往途中還能看到不忍池，沿著指標前近走進小路，左手邊地勢稍高且綠樹成蔭的區域即是「舊岩崎邸庭園」。

岩崎邸庭園是三菱財閥的第 3 代社長岩崎久彌的本邸，建於明治 29 年（1896 年），建成當時廣達 1.5 萬坪、多達 20 棟建物，現存的洋館、撞球室、和館 3 棟建物及庭園僅約當時的 1/3 大小，但已足以讓人大開眼界。屋外寬闊的草坪有部分承襲自江戶時代大名庭園的風格，呈現和洋融合風貌。

洋館的設計者是對日本建築有深遠影響的英國建築師約書亞・康德（1852 ～ 1920 年），在明治時代培育出以辰野金吾為首的多位傑出建築師，被尊稱為日本近代建築之父。2 層樓猶如宮殿的木造洋房，採不對稱設計，右邊有一塔樓，這棟洋館主要作為迎賓之用，實際生活空間是與之接鄰的和館。洋館內包含大廳、餐廳、會議室、客房、書房，以英國 17 世紀流行的詹姆斯一世風格裝飾，是康德現存最華麗的作品， 2 樓客房牆壁壁紙以貴重的金唐革紙黏貼，表達對客人的重視， 每個房間的暖爐、地板的拼貼方式都不同，日文「上品」應該是最適合的形容詞，洗練優雅展現沉穩的氣質。

❶ 舊岩崎邸庭園 ❷ 和館 ❸ 撞球室

🕐 9:00 ～ 17:00

📅 年末年始

🎫 400 日圓、65 歲以上 200 日圓、小學以下免費

🚇 地下鐵千代田線「湯島駅」徒步 3 分鐘

🏛 台東区池之端一丁目

🌐 https://www.tokyo-park.or.jp/park/format/access035.html

官網

地圖

谷根千

事實上東京並沒有一處名為「谷根千」的地方，是從文京區到台東區一帶的谷中、根津、千駄木周邊地區的簡稱，有保留著昭和時代的商店街、年代久遠的根津神社，以及眾多文豪的舊居，洋溢著幕末到昭和的時代氛圍，是近年相當有人氣的區域。

搭乘東京 Metro 千代田線到根津駅，即可展開谷根千下町散步行程。出站後沿著不忍通り直走，日本兩大文豪森鷗外與夏目漱石的故居都在文京區，街道路燈下方掛著「文豪の街」，紀念兩位大作家，現代作家吉本芭娜娜也出生於這附近。走約 300 公尺左轉進標示「根津神社入口」的小路，小巷兩旁多是一般住家，是尋常的日常風景，路口附近有家老舖「金太郎飴」，店內糖果都是以代代傳承至今的製糖手藝自製，許多特色小舖也隱身附近，再往前不遠就是根津神社。

根津神社

入口一座紅色大鳥居，進入鳥居後的表參道通往神橋，前方的樓門是東京都內唯一僅存江戶時代的樓門，再從唐門進入才能抵達社殿。

境內樹動蟬鳴幽靜，西側的乙女稻荷神社也有如同京都伏見稻荷大社的千本鳥居，數量之多令人眼花撩亂，民眾在稻荷神社參拜後願望實現，以鳥居奉納，一個接一個形成現在的模樣，與伏見稻荷大社的規模或許無法相比，但也有置身京都的錯覺，綿延的鳥居也成為觀光客取景的最愛，是根津神社的一大特色。乙女稻荷神社除了祈求稻穀豐收、商業繁盛，對於結緣、戀愛運提升也很靈驗。

神社內還有約佔地 2,000 坪的杜鵑花苑，就位在千本鳥居旁，約 3,000 株杜鵑花在 4 月下旬起接續剛結束的櫻花季，持續以豐富的色彩為東京點綴上妝。

❶ 根津神社樓門 ❷ 乙女稻荷神社千本鳥居

🕐 6:00 ～ 17:00（依月份不同而異）
🚇 地下鐵千代田線「根津駅・千駄木駅」、南北線「東大前駅」徒步 5 分鐘
🏠 文京区根津 1-28-9
🌐 http://www.nedujinja.or.jp/

官網　　　　地圖

藍染大街　藍染大通り

結束根津神社的參拜，循原路走回到剛剛的路口，過馬路直走繼續谷根千的散步。這條街道稱為藍染大街，在每個星期日都會變成步行者天國，讓小朋友能在此安心遊戲，依不同季節經常舉行各式活動或祭典，例如在春、秋兩季舉行的「あいそめ市」，規模小巧，前來擺設的攤位卻相當有趣，有機食物、手作菓子、瓦楞紙做成的遊戲，還有傳統日本文化「紙芝居」可以聽到有趣的故事，是一個可以讓人放鬆遊逛的市集。

あかじ坂

穿過市集繼續直走，馬路變得有些坡度，是名為「あかじ坂」的坡道，可以通往「大名時計博物館」，館內能欣賞到古代時鐘的各式樣貌。別看東京都心地形似乎平緩，其實是一個地形複雜、擁有眾多「坂」的城市，據統計在 23 區內就有超過 3 千個坂，不但都有專屬名字，而且有名的坂還為數不少，有些人還專門研究這些坂的雜學及典故。

やなか珈琲店

接著回頭往谷中的方向前進，這裡有一段路會穿梭在民宅的錯落小巷中，安靜的午後，深怕聲音太大破壞了這裡的安寧，日本的馬路總是乾乾淨淨，偶有有貓咪從小路竄出，都是再日常不過的風景，對觀光客來說卻是無一不感到新奇的散步經驗。從民宅區穿出，路幅變大，兩旁開始有較旺盛的商業氣息，靠近商店街不遠處，陣陣咖啡香傳來，是一家只有 4 席座位的咖啡店「やなか珈琲店」，販賣自家烘焙的咖啡豆，難怪滿室飄香，飲品價格合宜滋味卻不打折。

谷中銀座　谷中ぎんざ

「谷中銀座」商店街可就熱鬧了，不到 10 米寬的小路兩旁滿是各種店家，許多下町名物都聚集在此，像是谷中煎餅、肉のすずき、明富夢（Atom），這裡少見連鎖店，大多是個人經營的商店，各家店老闆都有豐富的知識，充滿街坊人情味。商店街的盡頭有一段階梯，是當地最有名的「夕焼け だんだん」，黃昏時刻在最高處可看到美麗的落日，成為口耳相傳的拍照人氣景點。逛完充滿購物樂趣的商店街不用走回頭路，直走就能抵達 JR 日暮里駅，接續後面的行程。

🚃 JR「日暮里木駅」徒步 5 分鐘、地下鐵千代田線「千駄木木駅」徒步 5 分鐘

🌐 https://www.yanakaginza.com/

官網　　　　　地圖

❶ 谷中銀座 ❷ 夕焼け だんだん

秋葉原

　　從神田明神出發，用步行的方式其實就可以走到以家電聞名於世的秋葉原。從 JR 秋葉原站出來，一整棟 Yodobashi-Akiba 矗立眼前，3C 家電不用說，根本就是應有盡有的複合商場，連室內高爾夫練習場都有，商品種類選擇之多足以讓人眼花撩亂，逛一整天都不會覺得膩，常見台灣觀光客來此採購吸塵器、吹風機，是一站購足的好地方。

　　喜歡動漫遊戲、模型的人來到秋葉原也不會失望，作為御宅文化的發源地，許多店家都有豐富的商品，如果有在收藏扭蛋、公仔，來到秋葉原最好看緊荷包，以免旅費一下子就花光了。

神田神保町

　　全世界大概找不到像神保町這樣集中的舊書店區，以南北向的靖国通り與東西向白山通り交差的神保町為中心，約 130 間的古書店沿著街道拓散開來，形成世界最大的古本書散地，日本幾間重要的大型出版社如三省堂、集英社、小學館等也設在當地，更增添其書香氣息，因此有「書的聖地」美譽。

　　行走在神保町街頭，空氣中瀰漫與其他地方不同的味道，是愛書人熟悉書的氣味，除了一般書籍、雜誌，有些店家陳列昭和初期，甚至大正、明治時代的出版品，吸引無數愛書人樂於當書蟲，在書海中挖出個人屬意的寶物。神田古書店連盟在每年秋天 10 月下旬到 11 月初會舉辦一年一度的「東京名物神田古本祭」，各家書店沿著靖国通り的人行道，擺出約 500 公尺「書的迴廊」，特賣的書籍多達 100 萬冊，是神保町最大盛事。

🚇 地下鐵三田線・新宿線・半藏門線「神保町駅」徒步 1 分鐘
🌐 http://jimbou.info/

官網　　　地圖

上野・淺草・清澄白河

上野周邊

上野車站 上野駅

上野所在的台東區涵蓋淺草一帶，依然保留許多昭和時代風情，是東京下町的區域，其中上野是京成電鐵的起點，搭乘 skyliner 前往成田機場只需約 40 分鐘，交通及購物便利，旅館選擇也多，是很適合東京自由行新手的住宿區域。JR 上野駅匯集眾多路線，是東北新幹線停靠的大站，有東京「北方玄關」之稱，終日旅客川流不息，以現代主義設計的車站外觀方正簡潔，擁有挑高屋頂及寬敞的空間，站內共構的商場 atr'e 店舖逾 50 家，主要集中在車站西側一樓。

阿美橫丁 アメ横

在大廳找到「不忍口」出站後右轉走過鐵路高架橋下方，就能看到對面「アメ横」的牌樓，阿美橫丁這個很不日本的地名，由來有兩種說法，一種是源自於戰後經營美國駐軍批發衣物，取アメリカ（美國）前兩字，另有一說是這裡是販賣飴（あめ，即糖果）的集中地，我想應該是兩種意思都兼具吧。

這條商店街沿著 JR 軌道的西側，全長約 500 公尺、共有約 400 家大小店舖及攤位，可說是平價購物天堂，食品（主要是海鮮類及乾貨）、衣服、鞋子、雜貨、藥妝都有豐富的選擇，重點是價格都很實惠。有些店家的叫賣功力一流，像是「志村商店」，會熱情與顧客互動，1 千日圓就能買到一大袋零食，位在商店街中後半段的「二木の菓子」更是喜愛零食的人必訪店家，偌大賣場裡各式零食應有盡有。

🚃 JR「上野駅」不忍口出站徒步 1 分鐘
🌐 http://www.ameyoko.net/

官網　　　　地圖

上野周邊地圖

王子駅
飛鳥山公園
荒川車庫前駅
飛鳥山駅

三輪橋駅

上野公園
東京國立博物館
上野恩賜動物園
淺草寺
上野車站
淺草駅
隅田公園
橘商店街
京成上野駅
晴空塔
淺草駅
押上駅
吾妻橋
阿美橫丁
淺草文化觀光中心

清澄庭園
清澄白河駅
藍瓶咖啡
深川不動堂
富岡八幡宮
門前仲町駅

上野公園

　　上野公園的全名為「上野恩賜公園」，在明治6年（1873年）時與芝、淺草、深川、飛鳥山等共同被指定為公園，是日本最早的都市公園。從京成上野駅正面口出站右轉後從交番（派出所）旁進入公園，如果在春天時節，迎面而來的就是迎風搖曳的燦爛櫻花，不過這只是開胃小菜，公園內遍植約800株以染吉野櫻為主的各種櫻花，在3月下旬～4月上旬滿開之際，公園的櫻花樹下總是舖滿藍色防水墊、坐著前來賞花的人，是日本櫻花名所百選之一。

　　公園內一尊薩摩英雄「西鄉隆盛像」是公園內著名地標，由雕刻家高村光雲製作。高大壯碩的西鄉凝視遠方、左手扶著武士刀、右手牽著愛犬，是這位明治維新指導者最廣為日本人熟悉的形象。

❶ ❷ 上野公園是東京都內櫻花名所

🕐 5:00 ～ 23:00

🚃 JR、地下鐵日比谷線「上野駅」徒步 2 分鐘；京成「上野駅」徒步 1 分鐘

🌐 http://www.kensetsu.metro.tokyo.jp/jimusho/toubuk/ueno/index_top.html

官網　　地圖

東京國立博物館 東京国立博物館

　　上野公園面積廣闊，左半邊以水域「不忍池」為主，種植大量荷花，7 月下旬是最佳賞花季節，可在池中划船或踩著天鵝船悠遊。上野公園內文化設施集中，包括「東京國立博物館」、「國立西洋美術館」、「國立科學博物館」三間一流的博物館均位於公園內。

　　如果時間有限，就請鎖定東京國立博物館，這間日本最早的博物館包括本館、表慶館、東洋館、平成館、法隆寺寶物館 5 棟展區，館內收藏品多達 12 萬件，其中國寶多達 89 件，重要文化財 648 件，無論是文物的重要性或數量，都是日本首屈一指，地位猶如台灣的故宮博物院。常設展展出的文物數量約 3 千件，能鑑賞從繩文到江戶時代，古今日本所遺留下來的珍貴藝術品及文物。

🕐 9:30 ～ 17:00

📅 星期一（遇國訂假日則順延）、年末年始

🎫 1,000 日圓、大學生 500 日圓、高中以下及 70 歲以上免費

🚃 JR「上野駅」公園口徒步 10 分鐘、京成電鐵「京成上野駅」徒步 15 分鐘

🗺 台東区上野公園 13-9

🌐 https://www.tnm.jp/

官網　　　地圖

豆知識：
日本政府指定的國寶總數有 1,132 件，重要文化財則有 13,377 件。東京國立博物館的主館建築，亦被指定為國家的重要文化財。

上野恩賜動物園

來到上野公園自然也不能錯過「上野恩賜動物園」，成立於明治 15 年（1882 年），原為宮內省所管轄，1924 年為紀念當時的皇太子（昭和天皇）結婚，下賜給東京，因此稱為冠上「恩賜」二字，是日本第一間動物園。

動物園由東園及西園組成，東園位在大樹鬱蒼的上野公園丘陵地的位置，有大猩猩、老虎、大象、北極熊等人氣動物，名氣最大的非熊貓莫屬，早在 1972 年就開始飼養，讓上野動物園幾乎成為熊貓的代名詞。2022 年 6 月上野動物園罕見誕生一對熊貓雙胞胎「曉曉」和「蕾蕾」，讓日本再度掀起熊貓熱，每逢假日「Panda 舍」總擠滿要看貓熊的人，好比當年木柵動物園「圓仔」開始見客時的盛況，因此東園的「表門」也成為最多人使用的入口，週末假日光是要買張入園門票就要排上數十分鐘，所以如果遇到當天人潮實在太多，建議可以從西園的「弁天門」入場。西園位於不忍池北側，以小型動物、爬蟲、鳥類為主，包括來自非洲大陸罕見的鯨頭鸛，可以親近小動物的「小朋友動物園」也在西園。

🕐 9:30 ～ 17:00

📅 星期一（遇國訂假日則順延）、年末年始

🎫 600 日圓、65 歲以上 300 日圓、中學生 200 日圓、小學以下免費

🚃 JR「上野駅」公園口徒步 5 分鐘

🏠 台東区上野公園 9-83

🌐 https://www.tokyo-zoo.net/zoo/ueno/

官網　　　地圖

淺草寺 浅草寺

　　初訪東京如果沒來「淺草寺」，大概也很難跟人說有來過東京。從上野搭乘東京 Metro 銀座線到終點站即是淺草站，車站的 1 號出口特別以燈籠裝飾，出站後直走不到 1 分鐘就能看到淺草寺的代表雷門及紅色大燈籠，無論晨昏晴雨，每天都有來自世界各國的觀光客以此為背景，拍下到此一遊的紀念照。

　　雷門正式名稱為「風雷神門」，因左右兩側奉安「風神」與「雷神」而得名。創建以來歷經多次燒毀與重建，寬政 7 年（1795 年）再建時，開始奉納提燈（即燈籠），此後雷門成為浮世繪名家喜好的題材，尤其歌川廣重的《淺草金龍山》，從雷門下的視角，生動描繪出要前往參拜的人們、紅色大提燈以及被白雪覆蓋的寺院建築，是「名所江戶百景」的代表作。

　　雷門後方是全長 250 公尺的表參道「仲見世」，兩側整齊的店鋪是日本最古老的商店街之一，店家販賣各式紀念品、煎餅、人形燒，每天只要 10 點過後，不甚寬敞的參道總被大量觀光人潮擠的水洩不通，成為一大特色。

　　仲見世一路延伸到「寶藏門」，是淺草寺的山門，兩層的建築比起前面的總門氣派許多，第一層有 5 間的寬度，中央 3 個通道，兩端奉安佛教護法仁王像，因此又稱「仁王門」，正中央同樣懸掛著大燈籠，尺寸較雷門的略小，但仍有 450 公斤，由日本橋小舟町奉贊會奉納。進入山門後就能看到本堂及五重塔。這時先別急著參拜，請記得先到香爐右方的手水舍漱口滌淨身心，這是簡化的「除穢」儀式，有一定的順序，接著再到本堂，先將賽錢投入油錢箱，然後以合掌一禮的方式參拜本尊聖觀世音菩薩。

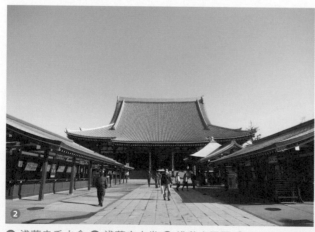

❶ 淺草寺手水舍 ❷ 淺草寺本堂 ❸ 淺草寺雷門 ❹ 仁王門及五重塔

🕐 境內自由，本堂 6:00 ～ 17:00（10 ～ 3 月 6:30 ～ 17:00）

🚇 地下鐵銀座線「浅草駅」1 號出口徒步 1 分鐘

🏠 台東区浅草 2-3-1

🌐 http://www.senso-ji.jp/

官網　　　　地圖　　　　淺草金龍山

淺草文化觀光中心 浅草文化観光センター

　　雷門對面一棟造型醒目的的大樓，是建築師偎研吾設計的「淺草文化觀光中心」，外觀像是傳統木造建築 7 重堆疊起來，帶點不規則卻又非常協調。主要作為觀光案內所之用，內有豐富的旅遊摺頁，有會說中文的工作人員，還能兌換外幣，搭乘電梯來到最高的 8 樓，戶外有一處免費展望台，可以不同的視角俯瞰淺草寺全景，右邊的隅田川、晴空塔更是清晰。

　　晴空塔前一棟屋頂猶如倒滿啤酒的金色大樓，是啤酒大廠 Asahi 集團總部，琥珀色的玻璃帷幕及頂樓白色的外牆，極力想呈現啤酒泡沫的意像，一旁屋頂有著奇特裝飾的是為了紀念創社百年，邀請法國藝術家 Philippe Starck 設計的作品，主題是「火焰」，雖然多數人覺得比較像金色雲朵，無論如何，已為隅田川畔的天際線增添不少趣味。

❶ 淺草文化觀光中心 ❷ 淺草寺全景 ❸ Asahi 集團總部及 Philippe Starck 的作品「火焰」

🕘 9:00 ～ 20:00
🚇 地下鐵銀座線「浅草駅」出口 2 徒步 1 分鐘
🏛 台東区雷門 2-18-9
🌐 http://www.city.taito.lg.jp/index/bunka_kanko/oyakudachi/kankocenter/index.html

官網　　　　　　　地圖

隅田公園

　　順著觔斗雲和晴空塔的方向走先不要渡過「吾妻橋」，很快就可以走到隅田公園的入口。隅田公園是都內的賞櫻名所，這裡的櫻花樹從江戶時代第 8 代將軍德川吉宗開始種植，現在沿著隅田川河岸兩側總計有大約 1,000 棵櫻花，8 月舉行的隅田川花火大會更是盛夏東京的一大盛事。

🚇 地下鐵銀座線 ‧ 浅草線「浅草駅」
　　徒步 5 分鐘

地圖

晴空塔 東京スカイツリー

　　原本墨田區是有些落寞的下町地區，在晴空塔開業後有了新的風貌。這個超大型的開發案，不光有世界最高的自立式電波塔，一旁還有一棟 31 層的綜合大樓，低樓層的部分和電波塔下層連結成一個超大賣場，稱為「東京ソラマチ」（東京晴空街道），由超過 300 間多彩且樣貌豐富的店舖組成，成為超大的商場。

　　搭乘東京 Metro 半藏門線是最便利的交通方式，從押上駅出口搭著挑高的手扶梯上來就可以直接連結東京晴空街道。來到 1 樓立刻可以看到「Samantha Thavasa」，以及全長約 120 公尺的「晴空街道商店街」，有食品、雜貨、餐廳、咖啡店等 30 多間店。2 ～ 3 樓東側以流行服飾及雜貨為主，還有三省堂書店及 Loft，西側則有讓人食指大動的伴手禮與美食廣場，「二木の菓子」也在此展店，不變的紅色招牌讓人依稀可以感受到下町風情，4 樓東側以「Japan Souvenir」為主題，集結有特色的紀念品或雜貨，戶外的晴空廣場是近距離仰望晴空塔的最佳場所，遊客無不努力將手機或相機盡可能的放到最低，好將高塔放入畫面，東側就是登塔的正面入口及售票處。

🕐 10:00 ～ 21:00（6F‧7F‧30F‧31F 餐廳 11:00 ～ 23:00）
🚇 地下鐵半藏門線「押上駅」B3 或 A2 出口直接連結
🏠 墨田区押上 1-1-2
🌐 http://www.tokyo-solamachi.jp/

東京晴空街道
官網

　　既然來到世界最高的晴空塔，不上展望台就太可惜了。晴空塔的高度 634 公尺，源自東京的古國名「武藏」，發音 Musashi 與 634 相同，自 2012 年開業已然有一段時間，魅力卻依然不減，光是排隊購票往往花上不少時間，晴空塔特別規劃外國遊客專用的快速入場券（需出示護照），可利用專屬櫃台，無需在普通購票隊伍中排隊等候。

　　和東京鐵塔的營運模式類似，依高度有 2 種登塔選擇：350 樓（フロア）的天望甲板及 450 樓的天望回廊，可擇一參觀或購買組合票券。買完票後同樣從 4 樓搭乘電梯，電梯大廠東芝特別打造超高速電梯，以每分鐘 600 公尺的速度，短短 50 秒就能載著遊客來到 350 樓的天望甲板，在上升的同時不同電梯內面板也會各自呈現精彩的圖樣變化。天望甲板分成 3 層，透著玻璃巡迴一圈可從各個角度將東京街景盡收眼底，340 樓有一處可以試膽量的「玻璃地板」，站在強化玻璃上，可直接看到地面及鋼骨結構之美。

❶ 天望甲板　❷ 天望迴廊

要到天望迴廊還要再搭一次高速電梯，果真是名符其實的迴廊，可沿著斜坡從 445 公尺走到 450 公尺，是一段浪漫的空中散步。在晴空塔的 1F、5F 及天望迴廊都各有一處紀念品專賣店，可買到晴空塔才有販售的獨家紀念品。

🕐 10:00 ～ 21:00（展望台）

🔻 詳官網

🌐 http://www.tokyo-skytree.jp/cn_t/

　　晴空塔官網　　　　　地圖

墨田水族館 すみだ水族館

　　位在 5 樓的「墨田水族館」規模或許無法和其他大型水族館相比，卻非常受歡迎，有超療癒的花園鰻（チンアナゴ）、麥哲倫企鵝，以及大大小小的各種水母，常讓遊客不自覺就被水槽內悠游的水母吸引並端詳好一段時間。企鵝水池旁還有金魚展示專區，能看到稀有品種並了解日本飼養金魚的悠久歷史。

🕐 9:00 ～ 21:00（平日 10:00~20:00）

📅 年中無休

💴 大人 2,300 日圓、高中 1,700 日圓、國中國小 1,100 日圓、3 歲以上 700 日圓

🌐 https://www.sumida-aquarium.com/

官網

豆知識：
晴空塔看起來是圓形的建築，其實底部是正三角形，用以維持建築結構的穩定，直到 320 公尺處才變成圓形。

橘商店街 キラキラ橘商店街

　　雖然有了這座超現代的電波塔，其實附近的向島、京島依然是充滿懷舊風情的下町，從東京晴空塔往東走（或是從押上駅 A1 出口出站後直走），大約 15～20 分鐘的步行距離，可以走到很貼近當地生活的下町人情「橘商店街」。

　　商店街入口是一座小公園，兩旁住家都是 3 層以下的建築，稱不上寬敞的街道有數十家商店，以食品、惣菜相關的店家居多，當地人緩步其間，與熟悉的店家閒聊互動。這裡奇蹟式的未被二戰大空襲的大火延燒，是東京依然留存記憶中昭和面貌的代表性商店街。

🚃 京成電鐵「曳舟駅」徒步 5
　　分鐘

網 http://kirakira-tachibana.
　　jp/index.html

官網

地圖

清澄庭園

　　走回押上駅，搭乘半藏門線前往清澄白河，自由行途中，搭車移動往往是最好的休息時間。從 A3 出口出站步行約 3 分鐘就能抵達清澄庭園。水泉佔了庭園半數以上的區域，邊緣放置多顆渡池石塊，行走其上可體驗如同在京都鴨川跳石頭的樂趣。築山仿富士山外型，杜鵑種植的位置是想表現出富士山旁雲朵的樣子，園內種植的櫻花品種以山櫻花為主，在名石水泉襯托下呈現和風庭園特有的優雅。清澄庭園還有半側是不收費的開放式公園，景觀較為單調，以草地為主。

　　庭園外清澄通り旁邊有一排建於昭和初期的 2 層樓房，相當精采，是舊東京市營店舖住宅，帶著歐洲小鎮建築的氛圍，連老東京人泉麻人都覺得在周邊老建築陸續消失的年代，能看到這樣古典的長型大樓，真的鬆了一口氣，來清澄庭園時可別錯過了。

❶❷ 清澄庭園 ❸ 清澄通り旁邊一整排昭和初期老屋

🕘 9:00～17:00

🏛 年末年始

💰 150 日圓、65 歲以上 70 日圓、小學以下免費

🚃 地下鐵半藏門線、大江戶線「清澄白河駅」A3 出口徒步約 3 分鐘

🏠 江東區清澄二・三丁目

🌐 https://reurl.cc/qD2jYN

官網

地圖

藍瓶咖啡 ブルーボトルコーヒー

　轉進長屋對面小路，在寧靜的住宅區裡藏著一家近年很受歡迎的文青咖啡「Blue Bottle Coffee」，這家美國品牌來到日本的第一店就選在這裡，讓原本並不那麼受觀光客關注的清澄白河知名度急速上升。低調方正的白色建築，沒有招牌，若非立面有繪製藍色瓶子，一不小心可能就擦肩而過，挑高的店內空間裝潢簡單，在櫃檯點好咖啡後店員隨即以手工沖泡，講究地域口味差異的咖啡值得細細品嚐。店內藍瓶咖啡的原創商品也讓人愛不釋手，適合當成回國後贈送親友的伴手禮。

🕐 8:00 ～ 19:00
🚇 都営大江戶線、地下鐵半藏門線「清澄白河駅」A3 出口徒步 7 分鐘
🈺 江東区平野 1-4-8
🌐 https://www.rakuten.ne.jp/gold/bluebottlecoffee/

官網　　　　地圖

1 門前仲町　**2** 深川不動堂

官網　　　　地圖

深川不動堂

　與清澄白河只有一站之隔的門前仲町也饒富下町風情。從地下鐵出站就可以看到矗立在參道入口處、寫著「成田山」的醒目紅色牌樓。還沒走進參道很多人會被一旁「深川伊勢屋」所吸引，店頭擺滿每日現做的糯米糰子、大福、壽司捲、豆皮壽司、和菓子，生意非常好，參道兩旁都是商店，有餐飲、茶葉、煎餅店家。東野圭吾在《天鵝與蝙蝠》作品中，即以門前仲町為故事的主要舞台，對於下町風情有許多生動的描述。

　如同牌樓所寫，深川不動堂是位在千葉成田山「新勝寺」的東京別院，御本尊為不動明王，與弘海大師有很深的緣分。位在境內正中央的是木造舊本堂，新本堂位在左側，外牆以不動明王的真言環繞，採用梵字，因此稱為「真言梵字壁」，是一處受到佛法守護的空間；舊本堂正後方的御佛殿 2 樓有保存展示四國八十八所靈場的砂子，用手一一觸摸也是一種巡拜四國遍路的方式。

🕐 8:00 ～ 18:00
🚇 地下鐵東西線「門前仲町駅」1 號出口徒步 2 分鐘
🈺 江東区富岡 1-17-13
🌐 http://fukagawafudou.gr.jp/

① 富岡八幡宮 ② 富岡八幡宮
骨董市

官網　　　　地圖

富岡八幡宮

　　從深川不動堂門前往左走，2、3分鐘的步行距離就是深川的另一個信仰中心「富岡八幡宮」。日本從古代就有「八百萬神」的說法，眾多神明，不同地區形成各式各樣的信仰，全國各地都有神社。根據信仰別來區分，神社數最多的正是八幡信仰，主祀「八幡大神」（應神天皇），富岡八幡宮擁有悠久的歷史，雖非總本社，不過以規模論是江戶最大的八幡宮，舉凡開運、出世、結緣、安產等眾多願望，八幡大神都能有所回應。這裡還是相撲的發祥地，在江戶時代曾有長達100年的時間都在八幡宮舉行比賽，因此境內立有「橫綱力士碑」及「大關力士碑」，相撲力士也經常來此參拜，祈求比賽順利。在紅色大鳥居旁還有一尊伊能忠敬（1745～1818年）像，這位江戶時代後期的測量家就住在附近，每一次的測量旅行要出發前，伊能忠敬一定會先到富岡八幡宮參拜。他走訪並測量日本各地，完成《大日本沿海輿地全圖》，精準度之高，讓後世研究者敬佩不已，也因此被稱為近代日本地圖的始祖。

　　境內會定期舉辦「骨董市」，於每個週日（除了第三個星期日外）都會舉行，攤位眾多，什麼稀奇古怪的東西都有，旅行途中正好遇到有開市的話，不妨繞過來這裡參拜順便挖寶。

🕐 境內自由
🚇 地下鐵東西線「門前仲町駅」1號出口徒步3分鐘
🗺 江東區富岡1-20-3
🌐 http://www.tomiokahachimangu.or.jp

都電荒川線

　　凡是求快、地下鐵下總是擁擠的東京難免讓人感到壓力，這時可以買張都電一日券，來趟緩慢的都電荒川線途中下車之旅，也能有種外出渡假的心境轉換。

　　在地下鐵普及前，路面電車是東京都居民最重要的交通工具，有「都民之足」的美名。現在僅存的營運路段只剩這條荒川線，行駛於三輪橋～早稻田之間，全長12.2公里，沿線設有30個車站（或稱停留場），一度面臨廢除命運，所幸大部分路線都是專用軌道且無替代公車行駛，沿線居民也都希望這條荒川線能繼續營運下去，因此保留至今，如今反而成為備受喜愛的一條路線。

搭乘東京 Metro 日比谷線到三ノ輪橋駅,從 3 號出口來到地面,不遠處就是都電荒川線的起站,低調的隱身在一棟大樓後方,要小心不要錯過了。

走出老舊大樓的通道就可以看到車站全貌,鐵製牌樓攀滿綠意,標示著「三ノ輪橋」的字樣。先不急著搭車,因為牌樓旁有一條「Joyful 三ノ輪商店街」,復古的氣氛吸引人想要先一探究竟。說是商店街更像一處傳統市場,蔬果、魚肉、熟食、服飾雜貨一應俱全,許多店面都還留存昭和時代的模樣。如果正好想吃點東西的話,可以品嚐「餃子專門 さかい食品」的煎餃,或是有都電名物之稱「きく」的紅薯天婦羅,是銅板價美食。

逛完商店街回到車站,上車前先在東京都交通局自營的「三ノ輪橋おもいで館」先買好一日乘車券。如果太早來還沒開館也不用擔心,可以在車上跟駕駛購買。

路面電車車站開放式月台,停放著一輛準備發車的新型電車,木造的車站雖然只是遮雨亭的形式,圍籬上的廣告是昭和時代的樣式,車站還種滿荒川線的代表花玫瑰,讓景觀增色不少,也讓這座小小的車站榮獲「關東車站百選」之一。

❶ 都電三輪橋站 ❷ 三輪橋 ❸ Joyful 三ノ輪商店街

荒川車庫前

如果乘客不多的話建議坐在車頭司機附近的位置,隨著緩慢移動的電車,以有別於地下鐵不見天日的視野,輕鬆的在城市裡移動。前面幾站軌道兩側都種植玫瑰,行經「荒川遊樂園前」時,可以看到「あらかわ遊園」的牌樓,是座歷史悠久的遊樂園,園內沒有新奇酷炫的設施,可以感受到早期樂園的氣氛,2022 年 4 月,遊樂園整修後重新開園,遊具煥然一新,環境也整理得更加舒適。

下一站是鐵道迷不會錯過的「荒川車庫前」。這裡是都電的駐車場,站在車庫大門口就可以看到各型車輛配合著調度進進出出,活像一座動態的路面電車博物館。為了方便電車出入,車庫並未大門深鎖,但其實是不能任意進入的,可要遵守規定。

荒川車庫旁有座「都電おもいで広場」,擺設了兩台已經退役的舊型電車,都是活躍於昭和年間的車種。不過廣場只在週末和國定假日的10 點〜下午 4 點開放,想參觀的話要掌握好時間。廣場旁是交通局「荒川電車營業所」,都電特地在玄關處隔出一小塊空間,展示著荒川線的歷史照片和海報,並且可以蓋紀念印章。

❶ 荒川車庫 ❷ 都電おもいで広場

飛鳥山公園

搭著都電往早稻田方向續行，接下來是最精彩的途中下車景點：「飛鳥山公園」。荒川線沿途大多有專屬路權，不過車行經過「王子」後，都電就如同公車般，必須和其他車輛共同行駛在大馬路上，開抵「飛鳥山」停留所前還需先穿越流量甚大的主要道路，是都電最驚險的區間。

為了讓行動不便或是長者也能輕鬆登飛鳥山公園休閒，東京都在公園入口設置了一條超迷你的「飛鳥山公園モノレール」（飛鳥山公園單軌電車），每天 10 點開始營運。這條可免費搭乘的單軌電車只有 48 公尺長，車廂最多可以容納 16 人，操作方式就像電梯，乘車口設有月台門，是種新型態的運輸設施。車廂外觀具現代感，緩緩爬升的姿態也有點像蝸牛，又被暱稱為「アスカルゴ」（飛蝸牛）。

飛鳥山與上野公園同為日本最早的公園。幕府第八代將軍吉宗（1684～1751 年）為了讓人民有更佳的賞櫻場所，下令在此廣植櫻花，數量多達 1270 棵，成了四季都適合前來的行樂地，歌川廣重即以《飛鳥山北的眺望》描繪江戶人在飛鳥山上賞花眺望筑波山的情景，這幅作品就收藏在「紙の博物館」，如今飛鳥山公園也是東京首屈一指的櫻花名所。

飛鳥山標高 25.4 公尺，被稱為東京最低的山（其實也才比愛宕山低了 0.3 公尺）。山上「兒童公園」城堡型溜滑梯旁展示蒸氣機關車頭 D51 及都電 6080 實體車輛，常有幼稚園老師帶著小朋友來此遊憩、在車廂跑上跑下，讓公園內總是充滿童稚歡笑聲。

飛鳥山公園

🕐 常時開放

🚃 都電荒川線「飛鳥山駅」或「王子駅」前
停留所下車

🌐 https://reurl.cc/Q4N7xZ

飛鳥山北的眺望　　　官網　　　　地圖

❶ 飛鳥山公園單軌電車 ❷ 飛鳥山制高點 ❸ 兒童公園的都電 6080 實體車輛

飛鳥山也深具文化內涵，共有「紙の博物館」、「渋沢史料館」、「北区飛鳥山博物館」位處山上稜線。其中渋沢史料館正是即將成為 2024 年改版後日本新萬円紙鈔人像渋沢栄一（1840～1931 年）的史料館，展示其生平諸多資料，許多人原本對他較為陌生，但藉由這個契機，讓大家重新認識到這位有「近代日本資本主義之父」美譽的實業家。

飛鳥山 3 所博物館

🕐 10:00～17:00

📅 星期一（遇假日則順延）

Ⓥ 詳官網

🌐 http://www.asukayama.jp/

官網　　　　地圖

巢鴨地藏通商店街 巢鴨地藏通り商店街

　　都電荒川線過了飛鳥山後，很快就進入豐島區，在「庚申塚駅」下車，只要 1 分鐘就有「おばあちゃんの原宿」（老奶奶原宿）稱號的「巢鴨」，整條「巢鴨地藏通商店街」一路通往都營三田線的巢鴨站，沿途約 200 家商店，在電視台的介紹下，成為具全國性知名度的一條商店街。

　　商店街入口牌樓寫著大大的紅色字樣，設計帶點老氣，卻再適合這裡的氛圍也不過，街上逛街的以長者居多，服飾、鞋店的樣式也以此客群為主，最吸引人目光的大概是整間店紅通通、以日本第一紅內褲而聲名遠播的「マルジ」，共有 4 間分店。中午可選在「ときわ食堂」用餐，是巢鴨的人氣餐廳。正餐後如果想吃點甜食，番薯專賣店「興仲」的大學芋可滿足另一個胃。

　　這條商店街名的由來就是供奉「拔刺地藏」的「高岩寺」，建寺已有 4 百多年，本尊對於保佑疾病治癒、健康長壽很靈驗，又稱為「延命地藏尊」，終年香火鼎盛，是東京著名能量場所之一。本殿右前方的「洗い観音」（洗觀音）更是人潮絡繹不絕，日本的散步達人泉麻人形容「甚至要出動迪士尼樂園常見的排隊分隔護欄」，以維持秩序，只見信眾為聖觀世音菩薩像淋上一瓢清水，然後用乾淨的毛巾虔誠擦拭祈求的部位，據說哪裡有病痛就能得到庇佑、很快好轉，非常靈驗。

　　東京多的是流行時尚的商場，巢鴨的客群設定清楚，是一處能轉換氣氛的地方。有一回帶著家中長輩到東京 5 日遊，走了不少經典旅遊地，最後問他們最喜歡哪個景點，他們很有默契不約而同的回答：「巢鴨」，老奶奶的原宿果然很合老人家胃口呢。

❶ 巢鴨地藏通商店街 ❷ 販賣日本第一紅內褲的「マルジ」 ❸ 興仲 ❹ 高岩寺 ❺ 洗觀音

🚃 都電荒川線「庚申塚駅」徒步 2 分鐘

🌐 https://sugamo.or.jp/

官網　　　地圖

六義園

　最早由幕府第五代將軍德川綱吉的側用人柳澤吉保花費 7 年時間，精心打造的「回遊式築山泉水庭園」，吉保有豐厚的文學造詣，庭園之名取自中國古代漢詩集「毛詩」提到的「詩的六義」分類法（風・雅・頌・賦・比・興）分類法。

　幾經轉手，六義園現在是國家指定特別名勝，走進園內，樹林環繞的大泉水想要呈現的是古代許多和歌詠嘆的「和歌の浦」勝景。別名杜鵑花園的六義園內種植許多杜鵑花，不乏現今少見的古老品種，秋天的楓葉亦富盛名，紅葉見頃時的夜間點燈，將庭園營造成絕美的幻想世界。

　六義園雖不在荒川線沿線，逛完地藏通商店街後若不想走回頭路，可從巢鴨站搭乘 JR 山手線前往這座名園。

🕘 9:00 ～ 17:00
📅 年末年始
◉ 300 日圓、65 歲以上 150 日圓、小學以下免費
🚊 JR 山手線・地下鐵南北線「駒込駅」徒步 7 分鐘
🗺 文京区本駒込六丁目
🌐 https://www.tokyo-park.or.jp/park/format/index031.html

官網　　　　地圖

鬼子母神堂

　離開巢鴨，建議搭荒川線到「鬼子母神前駅」。即將到站前的路段有點起伏，電車行駛到低窪處後一口氣衝了上來，特殊的爬坡畫面是鐵道迷不會錯過的攝影點。出站後左轉，前往神社的石坂參道兩旁高聳參天的古老欅木，讓氣氛為之一變，陽光透過樹葉灑落，走起來很舒服，讓人不自覺喜歡上這裡，參道的盡頭就是「鬼子母神堂」。

　名字有點駭人，其實源自一段讓人驚心的典故。鬼子母神在印度被稱為「訶梨帝母」，是王舍城夜叉神的女兒，出嫁後生了非常多小孩，但個性暴虐，還吃了許多人的小孩，讓所有人都感到恐懼怨恨。釋迦佛陀為了拯救帝母，於是將她的幼子藏了起來，發現小孩失蹤，帝母非常著急難過，佛陀告誡說：「你一千個小孩失去一個就這麼悲傷，更何況失去唯一小孩的父母？」從此帝母徹底悔悟，皈依佛陀，立誓成為安產、育兒的守護神。這裡供奉的鬼子母神像，並非鬼夜叉的形象，而是穿著羽衣、櫻洛、抱著嬰兒、手持吉祥果的慈悲菩薩姿態，仔細一看本殿的匾額「鬼子母神」字樣，鬼字少了頭上的一撇，表示帝母已受到佛陀的教化，成為佛教的護法神之一。

　本殿右前方的「上川口屋」是傳統的零食店，招牌寫著「創業 1781 年」的字樣，一旁大公孫樹更是已有 700 年的樹齡，都讓鬼子母神境內猶如停留在江戶時代的另一個平行世界。

🕘 9:00 ～ 17:00
🚊 都電荒川線「鬼子母神前駅」徒步 3 分鐘
🗺 豐島区雑司ヶ谷 3-15-20
🌐 http://kishimojin.jp/index.html

官網　　　　地圖

井之頭恩賜公園 井の頭恩賜公園

2017 年剛迎接 100 週年的井之頭恩賜公園,是日劇經常出現的場景。無論是春天的櫻花或是秋天的楓葉,季節或有不同,風景卻同樣迷人。

搭乘京王電鐵在井の頭公園駅下車是最便捷的方式,一走進公園就可以看到位於公園核心的井之頭池,只見眾多遊客踩踏天鵝船,悠閒渡過美好時光,池子周圍種植約 200 棵染吉野櫻,其中約半數環繞在水池周邊,春天櫻雪吹櫻後花瓣隨風吹拂灑落池內,形成壯觀的粉紅櫻花海。井之頭池的水質非常好,是江戶時代江戶的重要水源地,優美的景緻,也成為歌川廣重的浮世繪創作題材。

❶ 京王井の頭公園駅 ❷ 井之頭恩賜公園

🕐 常時開放
🚆 京王電鐵井の頭線「井の頭公園駅」徒步 1 分鐘
📮 武蔵野市御殿山 1-18-31
🌐 http://www.kensetsu.metro.tokyo.jp/jimusho/seibuk/inokashira/index.html

官網　　　　地圖

吉祥寺

渡過七井橋走出公園,氣氛也隨之轉換,兩旁有各式的商店,鄰大馬路的 0101 百貨總是人庭若市,再過去就是 JR 吉祥寺駅,與「アトレ吉祥寺」結合在一起,成為好逛的商場。

從北口出站立刻可以看到有屋頂的「吉祥寺 Sunroad 商店街」,藥妝、餐飲、服飾都一應俱全,尾端還有大型超市 SEIYU(西友),物價比起市中心多了競爭優勢,如果旅遊目的是想要在東京大肆採購一番的話,這裡是我推薦的地點。吉祥寺結合交通、購物、綠地等眾多優點,難怪會蟬聯多年東京居民最想住的街區。

🚆 JR・京王電鐵「吉祥寺駅」北口徒步 1 分鐘
🌐 https://sun-road.or.jp/

官網　　　　地圖

三鷹之森吉卜力美術館 三鷹の森ジブリ美術館

沿著井之頭公園內的道路就能走到「三鷹之森吉卜力美術館」。在武藏野大片的綠意中,隱藏一棟地上2層、地下1層的建築,被藤蔓包圍著,一走進入口,迎面而來的是有隻大龍貓的展示用售票亭,彷彿開始奇幻國度的旅程。

進入美術館後首先會到地下一樓的中央大廳,約可容納80人的「土星座」劇場會播放吉卜力原創的動畫短片,非常精彩。1樓是「電影誕生場所」的常設展區及每年更換的企劃展區,2樓有小朋友最愛的「龍貓巴士」展示區,與「紀念品商店」,來到屋頂庭園總算可以將手機拿出來好好拍照,這裡有尊天空之城「機器人兵」(ロボット兵)雕像,約5公尺高,是吉卜力美術館的地標及守護神。美術館內沒有規劃特定動線,可以依自己的興趣參觀。

吉卜力美術館採完全預約制,直接來到美術館窗口是買不到門票的,想入場的話包括日期及時段都必須事先確定,每個整點開放預約者入場,入場時還必須確認身份,室內也不能飲食拍照,這麼多限制無非是想確保更好的參觀品質,來到每個角落都精彩的吉卜力美術館,就用童心好好的感受宮崎駿的動畫世界魅力吧。

 三鷹之森吉卜力美術館入口
三鷹之森吉卜力美術館機器人兵

🕙 10:00～17:00(週末假日～19:00)

💴 大人1,000日圓、國中以上700日圓、小學生400日圓、4歲以上100日圓(每月10日起開放下個月的門票訂購)

🚌 JR「三鷹駅」南口出站沿玉川上水徒步約15分鐘,南口另有接駁車。大人單程230日圓、往返320日圓

🗺 三鷹市下連雀1丁目1-83(都立井の頭恩賜公園西園內)

🌐 http://www.ghibli-museum.jp/

官網　　　地圖

高尾山

狹長的東京都地形差異甚大,都心往西以台地、丘陵地形逐漸升高,最西邊的奧多摩地區是海拔1千公尺以上的山地,依然維持原始森林的風貌。距離繁華的市中心不到1小時的乘車時間,就能來到丘陵與山地分界的附近,同時也是首都圈最受歡迎的登山地「高尾山」。

京王高尾山口駅

京王電鐵在 2015 年請來隈研吾重新設計「高尾山口駅」，大量使用杉木，並以山上的「藥王院」屋頂為意象打造，呈現溫暖的色調。出站後往右步行約 5 分鐘就是「高尾登山電鉄」的「清瀧駅」，每 15 分鐘有一班車，可以輕鬆登山，這條纜車已有悠久的歷史，最大傾斜達 31 度 18 分，是日本傾斜度最大的登山纜車，只消 6 分鐘就從海拔 201 公尺迅速爬升到 472 公尺的「高尾山駅」。如果時間充裕的話，也可以選擇步行上山，大約需 90 分鐘的時間。

高尾山就像是東京人的後花園，能夠體驗到都會所沒有的大自然，從東京都心前來交通方便，拜 2009 年被「米其林綠色指南 ‧ 日本」評價為三顆星之賜，近年人氣更是大幅攀升，紅葉旺季或連休時前來要有排隊等候登山纜車的心理準備。建議可以購買「高尾山乘車券」，在高尾山口駅以外的京王線 ‧ 井之頭線各車站都能買到，不但京王電鐵及登山纜車各一趟往返車資可享 8 折優惠，也不用再花時間排隊買纜車票，是京王電鐵最受歡迎的套票之一。

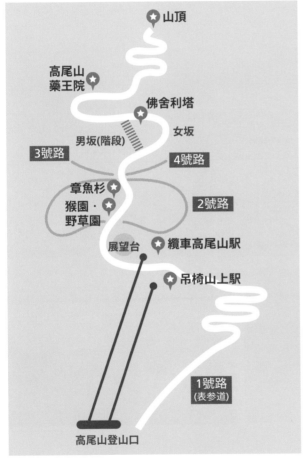

❶ 高尾山頂 ❷ ❸ 高尾山藥王院

高尾登山電鐵

🌐 https://www.takaotozan.co.jp/

高尾山
藥王院地圖

高尾登山電鐵
官網

國營昭和紀念公園 国営昭和記念公園

　　東京 23 區內有不少銀杏名所，例如青山、東大或是 JR 東京車站丸之內前的行幸通り，但若是論規模與氣勢，就沒有地方能勝過「國營昭和紀念公園」，位於立川市及昭島市交界，從東京出發搭乘 JR 中央線特快，約 40 分鐘車程就能抵達面積足足有 37 個東京巨蛋大，將近 170 公頃的廣大公園，於 1983 年開園，是日本最具代表性的一處國營公園。

　　靠近「立川口」であい廣場水路兩旁銀杏並木，每到深秋形成的金黃隧道是最受歡迎的景點。位在公園中央附近的大草原就比 2 個東京巨蛋還大，園內各項設施豐富，很適合親子共同前來，選個秋高氣爽的日子可在此安排至少半天以上的行程。

🕘 9:30 ～ 17:00。11/1 ～ 2 月底～ 16:30、4/1 ～ 9/30 週末假日～ 18:00

💴 15 歲以上 450 日圓、65 歲以上 210 日圓

🚃 JR 青梅線「西立川駅」徒步約 2 分鐘（西立川口）、JR 中央線「立川駅」徒步約 10 分鐘（あけぼの口）

🗺 立川市綠町 3173

🌐 http://www.showakinen-koen.jp/

官網

地圖

南町田 GRANDBERRY PARK 南町田グランベリーパーク

　以往首都圈要逛 outlet 會想到千葉市的「三井 OUTLET PARK 幕張」，或是更遠一點到輕井澤，2019 年 11 月緊鄰東急田園都市線的大型複合商業施設「南町田 GRANDBERRY PARK」開幕後，東京人不用離開東京，就有一處可以讓荷包大失血的地方。

　結合車站、鶴間公園的大型整體開發，共有 240 間店鋪，包含約 100 間 outlet 商店，還有關東地區唯一一間肯德基吃到飽餐廳、日本最大的 mont-bell 實體店、適合小朋友的 Fun Village，以及全新的史奴比博物館，不管是購物、餐飲、看電影、運動，甚至寵物的需求來到這裡都能兼顧，推薦可以從澀谷出發，結合東急沿線的景點，安排一整天的行程。

❶南町田 GRANDBERRY PARK 與東急車站直接連結 ❷南町田 GRANDBERRY PARK
❸南町田 GRANDBERRY PARK　SNOOPY 咖啡 ❹ Snoopy 博物館

🕐 星期一～四 10:00 ～ 20:00，餐廳 11:00 ～ 21:00
🚃 東急田園都市線「南町田グランベリーパーク駅」直接連結
🏠 町田市鶴間 3-4-1
🌐 https://gbp.minamimachida-grandberrypark.com/

官網　　　　地圖

東京迪士尼度假區
東京ディズニーリゾート

擁有「東京迪士尼樂園」及「東京迪士尼海洋」兩大園區、複合式購物商城「伊克斯皮兒莉」，以及6家迪士尼官方飯店，組成廣闊的「東京迪士尼度假區」，並由單軌電車「迪士尼度假區線」串連起來。

東京迪士尼樂園自 1983 年開業以來，始終是日本入園人數最多的遊樂園，無論是大人還是小孩，只要一進入樂園，都會沉浸在這夢幻的國度裡。兩個園區都佔地廣闊，至少都各需要從早到晚一整天才勉強足夠享受園內的設施。

玩樂全攻略

攻略 1

建議在官網（可提前兩個月）或旅遊網站事先購買門票，避免到了現場還要在售票亭大排長龍，白白浪費掉入園遊樂的時間。

攻略 2

　　園區票券採浮動價格制，許多人會購買兩日護照，並選擇住在官方認定飯店，可於園區開園前 15 分鐘優先入園，搶先去排高人氣的遊樂設施。當人潮眾多實施入園管制時，住宿迪士尼飯店的遊客仍可持票入園。

攻略 3

　　迪士尼樂園每天入園的人數都相當可觀，特別是大型連休、週末、7 〜 8 月暑假，有時甚至會多到必須停止販售當日券以管制入園人數，想玩得盡興最好還是避開這些日期。

攻略 4

　　務必要下載東京迪士尼度假區官方 App，除了可報名體驗遊樂設施、申請餐飲設施優先帶位，還能確認各項設施的預計排隊時間。

攻略 5

　　大人應該會喜歡招牌的「巨雷山」採礦列車、「飛濺山」，以及更顯刺激的「太空山」，小朋友們則一定會愛上「巴斯光年」、「歡樂杯麵之旅」、「小熊維尼獵蜜記」及「怪獸電力公司」，新設施美女與野獸「城堡奇緣」非常熱門，即便是平日，也要有排隊 2 小時以上的心理準備。

攻略 6

　　「米奇樂跳跳」、「米奇魔法音樂會」、「米奇俱樂部動感節奏」、「迪士尼明星迎賓會」等部分園區體驗須先用 APP 報名，各設施每日僅可報名體驗一次。

攻略 7

　　盡量減少隨身物品，不然走一整天下來很累，夜間的「東京迪士尼樂園電子大遊行〜夢之光」非常精彩，可別因此太早離園而錯過了。

以東京迪士尼樂園為例，如果住官方指定旅館提早入園，建議先衝去玩美女與野獸「城堡奇緣」，再利用 APP 購買「歡樂杯麵之旅」或「飛濺山」的尊享卡，以減少排隊時間。接著可以去排「加勒比海盜」、「巴斯光年星際歷險」、「星際旅行」、「怪獸電力公司」及「小熊維尼」。如果當天真的人很多，不妨先選擇「西部沿河鐵路」、「叢林巡航」、「豪華馬克吐溫號」、「頑童湯姆之島巨木筏」等設施，也可以前往「格蘭恩波商場」、「迪士尼公司」等紀念品店，或是遍布園內各角落的特色餐廳。

樂園	適用尊享卡設施（須付費）	報名體驗
東京迪士尼樂園	美女與野獸「城堡奇緣」、杯麵歡樂之旅、飛濺山	迪士尼明星迎賓會、米奇樂跳跳、米奇魔法音樂世界、米奇俱樂部動感節奏
東京迪士尼海洋	翱翔：夢幻奇航、玩具總動員瘋狂遊戲屋、驚魂古塔、地心探險之旅	米奇樂跳跳、動感大樂團、堅信：夢想之海

東京迪士尼度假區雖冠著東京之名，實際卻是位於千葉縣，從東京車站搭乘 JR 京葉線，大約 13 ～ 16 分鐘就能抵達距離園區最近的 JR 舞浜站，班次密集，交通便利，前往途中經常就能看到遊客以融入樂園的配備盛裝打扮。

東京迪士尼度假區

🕐 8:00 ～ 22:00（部分日期於 8:30 或 9:00 開園）
🚉 JR「舞浜駅」下車徒步 5 分鐘
🌐 https://www.tokyodisneyresort.jp/

官網

地圖

東京近郊很精彩

鎌倉、江之島

來到首都圈自由行，跨出東京的首選我會推薦到神奈川縣走走。從東京車站出發，搭乘 JR 橫須賀線只要 1 個小時的車程，就能來到擁有 8 百多年歷史的古都「鎌倉」。城市規模不大，留存著有別於京都貴族的武士文化，眾多歷史悠久的神社寺院、絕美的湘南海岸、魅力滿點的百年鐵道江之電，搭配隨著四季遞嬗的風情，吸引人一遊再遊。

鎌倉站　鎌倉駅

JR 鎌倉駅

抵達 JR 鎌倉站後，建議先到站外，欣賞一下這座被選為「関東の駅百選」之一的車站外觀——三角形屋頂，一旁有個像是戴頂帽子的可愛時計塔，能讓人感受到古都的風情。車站內有鎌倉市觀光案內所，提供豐富的旅遊資料，要搭乘江之電的話，則需到車站的另一側（西口）。

鶴岡八幡宮

開始悠閒的江之電路面電車之旅前，許多人會從車站東口旁的「小町通り」出發，入口一座醒目的紅色大鳥居，延伸著一條約 400 公尺的熱鬧商店街，美食、土產、雜貨一應俱全，假日時總呈現萬頭攢動的景象，鎌倉兩大看板銘菓之一的「鎌倉五郎本店」就位在商店街的前段，招牌商品「半月」是鎌倉當地很受歡迎的土產。走到小町通り終點右轉，不遠處就是當地的信仰中心「鶴岡八幡宮」。來這裡參拜的人終年不斷，是學生修學旅行必訪的地方，登上大石段來到上宮，可一覽鎌倉市街樣貌。

❶ 鶴岡八幡宮 ❷ 鶴岡八幡宮鳥居

🕐 境內自由
🚃 JR「鎌倉駅」東口徒步 10 分鐘
🏤 神奈川縣鎌倉市雪ノ下 2-1-31
🌐 https://www.hachimangu.or.jp/

官網　　　　地圖

若宮大路

　鶴岡八幡宮前有一條筆直的「若宮大路」，是確立鎌倉武家政權的源賴朝參考京都的朱雀大路所規劃之街道（另有一說是源賴朝為了祈求妻子安產而打造），一路延伸到由比ヶ浜，整個鎌倉就以若宮大道為主幹再向外擴張，根據推測，當時鎌倉時代鎌倉與京都人口相當，實現了源賴朝想打造一個不輸京都的城市之夙願，也足以證明武家政權的實力。若宮大道中間的「段葛」比兩旁的馬路高，堆疊葛石打造而成，上方種植櫻木及杜鵑，是鎌倉最佳賞櫻名所。

　若宮大路兩旁有多家展售傳統工藝「鎌倉彫」的老店，鎌倉彫需要繁複的彫工刻及上漆技法，彫刻品從古代佛教為主到現代的各式生活用品，種類繁多，如果想欣賞猶如藝術品般的作品，可以前往位於大道上的「鎌倉彫會館」，3 樓的資料館裡展示歷代職人的創作，可深入了解鎌倉彫的歷史。至於斜對面的「豐島屋」就絕對是當地無人能出其右的伴手禮店了，鴿子造型的「鳩サブレ」是鎌倉最具代表性的銘菓。

鎌倉彫資料館

🕙 10:00~16:00

📅 星期一（遇國定假日順延）

◎ 大人 300 日圓、小學以上 150 日圓

🚃 JR「鎌倉駅」東口徒步 5 分鐘

🔖 神奈川県鎌倉市小町 2-15-13

🌐 http://kamakuraborikaikan.jp/

❶ 段葛 ❷ 鎌倉彫會館 ❸ 豐島屋

官網　　地圖

江之電沿線地圖

藤沢站　鶴岡八幡宮　一条惠觀山莊　鎌倉站　若宮大路　鎌倉大佛　長谷寺　湘南單軌電車　江之島站　長谷站　極樂寺站　鎌倉高校前站　七里濱站　江之島

回到 JR 鎌倉駅走過地下道往西口方向，就是江之電的鎌倉駅。站內商店「ことのいち鎌倉」集合鎌倉土產，是江之電商品最齊全的地方。

❶ 江之電鎌倉駅
❷ 鎌倉駅站內商店

長谷站 長谷駅

江之電的發車間隔是規律的每 14 分鐘一班，很容易掌握搭車時間。從鎌倉發車後約 5 分鐘車程，「長谷駅」是這趟途中下車之旅最精彩的一站，附近有「鎌倉大佛」及「長谷寺」兩大景點，也讓長谷駅成為江之電的最熱門車站，每當大型連休或繡球花開時，站內總擠滿要上下車的遊客。

長谷寺

長谷寺距離車站比較近，供奉本尊十一面觀音是日本最大木造佛像。後方山坡上四季繁花似錦，又被稱為「鎌倉的西方極樂淨土」，特別是在初夏繡球花盛開的季節，要出動號碼牌管制才得以消化想進入「あじさい路」（紫陽花路）的大量人潮，來到賞花步道最高處，海街映入眼簾，是鎌倉最佳勝景。

❶長谷寺 ❷ 長谷寺「あじさい路」

🕗 8:00 ～ 16:30（4 ～ 6 月～ 17:00）
💴 大人 400 日圓、小學生 200 日圓
🚃 江ノ電「長谷駅」徒步 5 分鐘
🗺 神奈川県鎌倉市長谷 3-11-2
🌐 https://www.hasedera.jp/

官網　　地圖

鎌倉大佛

　　鎌倉大佛則稍遠一些，不過沿路都有店家，走起來倒不覺得漫長。大佛所在的佛寺正式名稱為「高德院」，這尊被列為國寶的青銅製阿彌陀如來坐像於 1252 年打造，高約 11.3 公尺、重量約 121 噸，原本供奉在室內，經歷颱風以及明應大地震（1489 年）引發的海嘯摧毀大佛殿後，鎌倉大佛就一直處於露天的狀態，卻無損在日本佛教藝術史上的價值與地位，700 多年來鎮坐守護著當地，是鎌倉最重要的精神象徵。

🕐 8:00 ～ 17:30（10 ～ 3 月 8:00 ～ 17:00）
🎫 大人 300 日圓、小學生 150 日圓（進入大佛胎內 20 日圓）
🚃 江ノ電「長谷駅」徒步 10 分鐘
🗺 神奈川江ノ電「長谷駅」徒步 10 分鐘
🌐 https://www.kotoku-in.jp/#anc_a

官網　　　　地圖

極樂寺站 極楽寺駅

　　極樂寺駅是座很可愛的木造小站，沒有多餘的裝飾，展現著純實的風貌，等候人潮出站後，靜靜坐在被蔥鬱山林包圍的小站月台，讓人感到無比療癒，站前復古的朱紅郵筒，與車站所散發的氣息融合，也許是這樣樸實的特質，車站小歸小，依然榮獲「関東の駅百選」。車站旁的「極樂寺」是真言律宗的寺院，山門入口低矮，必須彎身才能入內，寺內悠靜，讓人腳步和動作不自覺也放輕起來，深怕破壞了境內的寧靜。

七里濱站 七里ヶ浜駅

　　電車離開極樂寺後，先是綠意盎然的山景，接近「七里濱」時，開始可以看到海的蹤影。出站後左轉後右轉直走一小段路，眼前就是如同站名的遼闊沙灘海岸。

　　走向海邊，臨海一棟複合式的商場「WEEKEND HOUSE ALLEY」，簡單清水模建築，集合了幾家服飾店和餐廳，其中名氣最大的當屬有著全世界最好吃早餐的澳洲餐廳 bills。bills 在首都圈已有不少分店，但還是有「湘南海岸」景色搭配的這個分店最受歡迎。

鎌倉高校前站 鎌倉高校前駅

搭乘江之電繼續往西前進，靠左邊那一側的車窗景觀是一大片美麗海岸，只見許多旅客趕忙拿起相機拍照，很快的就抵達「鎌倉高校前站」。小小的車站只有單側月台，電車駛離後眼前是相模灣開闊的無敵海景，伴隨清爽的海風，令人不自覺想在月台木椅上好好放鬆休息一下，即便是專程前來發呆也是值得。

這一站除了海景，車站外的平交道總是圍繞著觀光客，井上雄彥經典動畫《灌籃高手》主題曲一幕晴子和櫻木花道見面的場景，就是以這個平交道繪製，大家都在等候電車經過的短暫瞬間取景，過多（不守規矩的）人潮也造成當地居民的困擾，這裡依然歡迎前來，但切記不要為了拍照隨意站在馬路中央阻礙了車輛行進。

江之島站 江ノ島駅

跳上電車繼續行程，電車經過月台長度比車廂短的「腰越駅」後駛入住宅區，是整段江ノ電特別的一段路程，電車和汽車共用車道，有時粗心的駕駛沒有趕快駛離軌道，電車必須鳴笛示警，避免擦撞意外。

抵達「江之島站」出站後往左直走，經過「江の島弁天橋」，就可以登上「江之島」，步行時間約 15 分鐘。進入青銅鳥居，參道上店家林立，熱鬧的程度一點都不輸京都的清水寺道，盡頭是紅色大鳥居，階梯上方是如同龍宮城的「瑞心門」，是江島神社的樓門。

江之島的地勢陡峭，爬為數可觀的階梯上去參拜是耗費體力的事，尤其在炎熱的夏天，所幸在紅色鳥居旁有手扶梯可以搭乘。比較特別的是，搭乘這座「江の島エスカー」手扶梯必須付費，可以單買，或是購買更划算的「展望灯台 SET 券」，包含手扶梯、「江の島サムエル・コッキング苑」（江之島 Samuel Cocking 苑），以及「江の島シーキャンドル（展望灯台）」（江之島海蠟燭）三項費用。每到冬天，江之電公司將海蠟燭和 Samuel Cocking 苑以大量 LED 妝點成猶如夢幻世界，取名為「湘南的寶石」，是一年之中最絢麗的時刻。

❶ 江島神社瑞心門 ❷ 江の島エスカー ❸ 江の島展望灯台

江之島地圖

★ 江之島弁天橋

青銅鳥居 ●

● 紅色鳥居
瑞心門 ●
● 江之島Escar
江島神社 邊津宮 ●

江之島海蠟燭（展望燈塔）● ● 江之島Samuel Cocking苑
奧津宮 ●
● 中津宮
● 龍宮
● 江之島岩屋

江之島海蠟燭

🕐 9:00～20:00
◎ 大人 500 日圓、小孩 250 日圓
🚃 江之電「江ノ島駅」徒步 25 分鐘
🌐 https://enoshima-seacandle.com/

官網　　　地圖

藤沢站 藤沢駅

　　回到江之島站搭車，最後電車緩緩駛進終點「藤沢駅」，雖然只有一條軌道，但仿中央車站式的弧形屋頂仍顯現端點站的氣勢，站內亦有江之電紀念品販賣店。

　　在藤澤站利用連通道就能與小田急電鐵、JR連結，出入乘客相當多，可在此搭乘東海道線回到東京。附近商業機能發達，有小田急百貨店、Bic Camera，車站周邊有許多評價相當好且價格不貴的商務旅館，如果要安排 2 天鎌倉的旅行，推薦可以住在這裡.

一条惠觀山莊 一条惠観山荘

在鎌倉也有一處猶如置身京都的莊園，江戶時代初期原本位在京都西賀茂的一處皇族別邸，由後陽成天皇的第九個皇子一条惠觀親自設計，作為茶屋之用，同一年代的建物還包括知名的「桂離宮」與「修學院離宮」。在昭和年間一条惠觀山莊完整的移築到鎌倉，低調的經過近 60 年，直到 2017 年才揭開神秘的面紗開始對外公開。遠離了略顯喧囂的鎌倉車站周邊，在山林的環繞下似乎也將千年古都的靜謐留了下來。主建築是農村常見的茅葺屋頂，內部裝潢固然簡樸，拉門的繪畫仍可見皇室文化的傳承，庭園在細部也盡可能重現當時的模樣，草木隨著四季變化，呈現出優雅的風貌。

🕐 10:00 ～ 16:00

📅 星期一、二，遇國定假日順延

🕙 500 日圓，小學以下無法入園

🚌 JR「鎌倉駅」東口搭乘京急巴士，在「淨明寺」巴士亭下車徒步2 分鐘

🗾 神奈川縣鎌倉市淨明寺 5-1-10

🌐 https://ekan-sanso.jp/

官網　　　　地圖

湘南單軌電車 湘南モノレール

從江之電江之島駅往右走約 2 分鐘，一棟嶄新的車站大樓即是「湘南單軌電車」的「湘南江の島駅」。這一條日本最早的懸垂式單軌電車，到 2020 年正好開業滿 50 年，路線全長 6.6 公里，設有 8 座車站，配合當地多山的地形，路線也隨之上下起伏，高低差達 40 公尺，在車廂內有點像搭乘雲霄飛車的感覺，到起站「大船站」約需 14 分鐘，是一段特別的空中散步體驗，鐵道公司以「空から海へ」（從空中前往海邊）為標語，很貼切地形容這項特別的移動方式。

🕐 180 ～ 320 日圓

🚌 每 7 ～ 8 分鐘一班

🌐 http://www.shonan-monorail.co.jp/

官網

港未來 21 みなとみらい 21

如果想要看美麗的夜景，橫濱的「港未來 21」絕對是關東地區的不二選擇，可接在鎌倉之旅後的回程時停留探訪。

從東京車站搭乘 JR 京濱東北・根岸線，可以不用轉車直接抵達「JR 桜木町駅」。從東口出站，往廣場左前方走上電扶梯，長長的電動步道將人帶往「The Landmark Tower」，高達 296 公尺，共有 70 層樓，如同其名，這棟大樓正是港未來 21 的地標與核心建築。走到商場外可以看到大摩天輪「コスモクロック 21」，高達 112.5 公尺，是世界最大附帶時鐘功能的摩天輪，一到晚上散發千變萬化的色彩，與背後大樓組成享譽世界的橫濱夜景。

橫濱赤煉瓦倉庫 横浜赤レンガ倉庫

距離大摩天輪不遠的「橫濱赤煉瓦倉庫」是近年很受歡迎的景點。較大的 2 號館以餐飲及雜貨為主，1 號館有橫濱特產專賣店，2、3 樓為展示空間及劇院。受歡迎還有另外一個原因，兩棟倉庫間有一片大廣場，經常舉辦各式活動，如仿德國慕尼黑啤酒節的「Octoberfest」、年底的「Christmas Market」，冬天限定的滑冰場「SWEETS ICE RINK」，不斷有推陳出新的活動，吸引人們一再到訪。

2021 年連接 JR 桜木町與運河公園的空中纜車正式營運，讓前來赤煉瓦倉庫的交通多了一項新選澤，還能從空中飽覽港區景致。

🕐 2 號館 11:00 ～ 20:00、1 號館 10:00 ～ 19:00

🚉 JR「桜木町駅・関内駅」徒步約 15 分鐘、橫濱高速鉄道みなとみらい線「馬車道駅・日本大通り駅」徒步約 6 分鐘

🗺️ 横浜市中区新港 1-1

🌐 https://www.yokohama-akarenga.jp/

官網

地圖

橫濱赤煉瓦倉庫周邊地圖

冰川丸

橫濱大棧橋
國際客輪航站

山下公園

Marine & Walk

橫濱
赤煉瓦倉庫

象鼻公園

合味道紀念館

至元町‧中華街駅

橫濱World Porters

橫濱cosmo world

皇后廣場

至橫濱駅

みなとみらい

汽車道

橫濱第二
合同廳舍

日本大通り

中華街

MARK IS港未來

馬車道

みなとみらい線

橫濱美術館

The Landmark
Tower

Yokohama air cabin

橫濱Stadium

橫濱市役所

至橫濱駅

至石川町駅

櫻木町

關內

JR根岸線‧橫濱市營地下鐵

山下公園

　　提到橫濱最有名的公園那就非「山下公園」莫屬。不過公園的誕生卻與地震有關，關東大地震（1923 年）後有太多倒塌建築的瓦礫急需處理，於是就近在海邊掩埋，上方再覆著良好的土質，形成現今所見公園的雛形，並於昭和 5 年（1930 年）正式開園。公園一側面海，停靠一艘英國喜劇泰斗卓別林曾經搭乘過的大型貨客船「冰川丸」，多年前已經退役，目前內部開放見學。山下公園內還遍植玫瑰，每年春、秋時節大量盛開，是橫濱的玫瑰花名所。

🕐 常時開放

🚇 橫濱高速鉄道みなとみらい線「元町‧中華街駅」徒步 3 分鐘

🗺 橫浜市中区下町 279

🌐 https://reurl.cc/jdpWkm

官網　　　　地圖

中華街

　　橫濱在幕府末期對外開港後，滿清帝國及歐美各國人開始來此展開貿易活動，隨著交易數量增加，中國商人也逐漸多了起來，形成中華街。橫濱中華街以中華料理為大宗，總共有多達 600 家商店，範圍涵蓋數個街廓，是世界規模最大的中華街。

　　區域內依風水而設立的牌樓是一大特色，從橫濱公園對面「玄武門」進來後的「善隣門」是電視、雜誌經常取景的地方，後方就是最主要的中華街大通り，還錯落穿插許多小路，對日本人來說具有異國風情，因此觀光客也以本國人居多，對台灣人的吸引力則稍低，不過來到東京旅遊如果突然想吃中式料理或肉包，這裡確實是不錯的選擇。中華街內兩大信仰中心「關帝廟」與「媽祖廟」都頗具規模，對台灣人來說是備感親切的地方。

🚇 橫濱高速鉄道みなとみらい線「元町・中華街駅」徒步 1 分鐘
🌐 http://www.chinatown.or.jp/

官網　　　地圖

橫濱 Stadium 横浜スタジアム

　　橫濱高速鉄道港未來線是 2004 年才開業的路線，全線只有 6 個車站，每一站的設計都富有在地特色，其中「日本大通り」站內以 DeNA 海灣之星隊的意象佈置，讓人還沒走進球場就可以感受看球的氣氛，是球迷觀賽時經常利用的車站，從 2 號出口出站來到日本大通り，是日本第一條西式街道，兩旁種植銀杏並木，林立著眾多歷史建築，包括在日劇「まだ結婚できない男」（熟男還不結婚）中，設定為阿部寬上班的建築師事務所「THE BAYS」。

　　前方公園內有著醒目倒三角型的照明燈塔，就是日本職棒「横浜 DeNA ベイスターズ」（橫濱 DeNA 海灣之星隊）的主場：「「橫濱 Stadium」。球場採用人工草皮，在設施不斷改進下，讓已超過 50 年歷史的球場不顯老舊，也成為 2020 東京奧運棒球比賽場地之一。

❶ 港未來線車站 ❷ 日本大通り ❸ 橫濱 Stadium

🚇 JR 根岸線「関内駅」南口徒步 2 分鐘、橫濱市營地下鉄「関內駅」1 號出口徒步 3 分鐘、橫濱高速鉄道みなとみらい線「日本大通り駅」2 號出口徒步 3 分鐘
📍 横浜市中区横浜公園
🌐 https://www.baystars.co.jp/

官網　　　地圖

小江戶川越

　　川越位於東京北邊的埼玉縣，主要街道上保留了古代風貌，是日本少數被稱為「小江戶」的地方。

　　從池袋車站東武鐵道，或是從新宿車站搭乘 JR 或西武鐵道均能來到川越，交通便利。我比較推薦西武鐵道，西武新宿線的終點「本川越駅」位置與觀光最精華的「蔵造りの町並み」距離最近，出站後直走只需幾分鐘就能抵達。川越不光能穿越時空回到江戶時代，前往白壁倉庫途中還會經過「大正浪漫夢通り」及「昭和の街」，近代日本各個時期的街道能如此集中一次遍覽，也是這裡的一大魅力，日本女孩們來到這裡總喜歡換上傳統和服在街上優雅閒走，也為小江戶增添浪漫風情。

　　川越的地標「時の鐘」就位在「蔵造りの町並み」的叉路上，從江戶時代初始就為城下町的住民報時，現存的是第 4 代建築。目前每天 6 時、正午、15 時、18 時的整點定時響起鐘聲，如同四國愛媛縣松山的道後溫泉本館振鷺閣「刻太鼓」，都被選定為「殘存的日本音風景 100 選」之一。

❶ 大正浪漫夢通り ❷ 川越蔵造りの町並み ❸ 川越地標「時の鐘」

🚆 從池袋搭乘東武東上線快速約 30 分鐘、從新宿搭乘 JR 埼京線快速約 50 分鐘、搭西武新宿線特急電車約 44 分鐘

🌐 https://www.koedo.or.jp/

官網　　　　地圖

購買 JR 東京廣域周遊券最快能回本的方式，無疑就是搭乘新幹線往返輕井澤。

從東京車站搭北陸・上越新幹線到輕井澤車程約 70 分鐘，車站附近屬於新輕井澤，距離發展較早且商業氣息旺盛的「舊輕井澤」約 1.5 公里，從北口出站後可以慢慢步行、租腳踏車或搭計程車前往。

舊輕井澤銀座 旧軽井沢銀座

舊輕井澤銀座位處江戶時代「中山道」的交通要地，發展甚早，整條街上各式店家林立，無論是土產、工藝品、咖啡店、烘焙坊、藝廊都非常豐富，且與其他地方商店街不同的是這裡還多了些歐風氣息，輕井澤的果醬特別有名，經常被雜誌和節目取材報導。走到商店街尾端綠意開始多了起來，樹林中一間小教堂是最早在輕井澤建造的「輕井澤 Shaw 記念禮拜堂」（明治 28 年），目前聖公會仍持續使用；當地最知名的是位在從商店街分岔出小徑上的「聖パウロカトリック教会」（聖保羅天主教堂），在昭和 10 年時，有多達 300 戶外國人的別墅、約 1,300 人在這裡生活，因此建立這座教堂，設計者是對日本建築有重大影響的美國建築師 Antonin Raymond，教堂內可以自由參觀（作禮拜時除外），每週末還能看到在此舉行西式婚禮的新人。

❶聖保羅天主教堂 ❷輕井澤 Shaw 記念禮拜堂

地圖

輕井澤王子購物廣場 軽井沢 プリンスショッピングプラザ

JR 輕井澤車站南口還有一處讓許多台灣人專程從東京搭新幹線前來的設施「輕井澤王子購物廣場」，超過 200 個店舖的購物中心外保留寬廣的戶外空間，有大草坪、水池及戶外兒童公園，目的就是要讓家庭客停留一整天，逛完舊輕井澤後推薦來這個很不一樣的購物景點。

🕙 10:00 ～ 19:00（各月份不同，詳官網）
🚋 JR「軽井沢駅」南口徒步 3 分鐘
🗺 長野県北佐久郡軽井沢町軽井沢
🌐 http://www.karuizawa-psp.jp/tw

官網　　　地圖

水戶偕樂園 水戶偕楽園

日本遠近馳名的三名園分別為金澤兼六園、岡山後樂園、水戶偕樂園，當中距離東京最近、可安排半日往返的是位於茨城縣的偕樂園。兼六園取其園內景觀六勝兼具，後樂園則展現藩主先憂後樂的思想，兩大名園從命名就能得知由來典故，偕樂園也不例外，1842 年常陸水戶藩第 9 代藩主德川齊昭想打造一處能與民同樂的場所而創立此一庭園，取名「偕樂」，源自《孟子·梁惠王上》：「古之人與民偕樂，故能樂也。」

平常搭乘大眾運輸工具要前來偕樂園必須在 JR 水戶駅下車後，到北口轉搭茨城交通或關東鐵道的公車，略顯不便，梅祭り期間，平時不營運的 JR 偕樂園駅會選在週末假日臨時開站，連特急列車「ひたち」、「ときわ」都有停靠，一下車就是門口，以因應蜂擁而至的賞梅客。

偕樂園整體面積遼闊，分成本園及擴張部的公園綠地，兩處隔著 JR 常磐線。觀賞的重點在於本園，東側的梅林，西邊則有老杉木、竹林，以及德川齊昭親自設計的「好文亭」，完整走完一圈就需要不少時間。進入初夏，紅色的杜鵑花綻放，搭配鮮綠的孟宗竹林，讓庭園呈現另一種不同風情。

從東京搭乘 JR 特急列車前來水戶車程約 70 分鐘，單趟車資近 4,000 日圓，稱不上便宜，比較適合持有 JR 東京廣域周遊券的人再安排這個景點。

❶ JR 水戶駅前的水戶黃門像 ❷ 水戶梅大使 ❸❹ 水戶偕樂園

🕐 本園 2 月中旬～ 9 月 30 日 6:00 ～ 19:00，10 月 1 日～ 2 月中旬 7:00 ～ 18:00。其他區域 24 小時開放

🎫 大人 300 日圓、小學生及 70 歲以上 150 日圓

🚌 JR「水戶駅」北口搭乘往偕楽園公車約 20 分鐘

🏠 茨城縣水戶市見川 1-1251

🌐 https://www.ibarakiguide.jp/kairakuen.html

官網　　　地圖

東京行程

經典名所之旅 ── 東京車站・二重橋・銀座・淺草・押上

❶東京車站

記得欣賞丸之內南北口內圓型拱頂雕飾

<ruby>銀座</ruby> **❹銀座**

四丁目路口地標和光的優美時計塔及銀座三越，
週末步行天國是最佳散步時刻

地下鐵千代田線
＋日比谷線

從「二重橋前駅」搭至「日比谷駅」，車程 1 分鐘，再轉日比谷線到「銀座駅」，車程 1 分鐘，往 A7 出口

地下鐵銀座線

從「銀座駅」搭至「淺草駅」，車程 18 分鐘，往 1 號出口

淺草

❺淺草寺

飛鳥時代創立的古寺，走進雷門到本堂參拜，祈求願望成就

步行

1 分鐘

東京車站 **2** KITTE

保留東京中央郵便局改建而成的商辦大樓，4 樓重現當時
的局長室，6 樓是欣賞東京車站的最佳角度

15 分鐘 步行

二重橋 **3** 皇居

在二重橋前可眺望皇居的正門

地下鐵淺草線

從「淺草駅」搭至「押
上駅」，車程 3 分鐘，
往 B3 出口

押上 **6** 晴空塔

離宇宙最近的地方，天望迴廊可將
東京夜景盡收眼底

時尚購物之旅

表參道・原宿・澀谷・銀座・日比谷

\ START!! /

地下鐵

「表參道駅」
A2、A3 出口

表參道　❶ 表參道

各家精品旗艦店林立，整排櫸木讓人行道走來更加舒服

地下鐵副都心線

從「明治神宮前駅」搭至「澀谷駅」，車程 2 分鐘，往 B2 出口

澀谷　❹ 宮下公園

澀谷新名所，有商場、旅館和昭和風情的美食街，露天公園還有哆啦 A 夢「未來之門」（「みらいのとびら」）銅像

地下鐵銀座線

從「澀谷駅」搭至「銀座駅」，車程 16 分鐘，往 A8 出口徒步 2 分鐘

銀座　❺ GINZA SIX

銀座最大的商場，蔦屋書店也在此展店

步行
7 分鐘

原宿　**2** bills

到東急 PLAZA 表參道原宿店品嚐
美味鬆餅

步行　3 分鐘

原宿　**3** 竹下通り

年輕人的購物天堂，來體驗可愛文化的魅力

地下鐵日比谷線

從「銀座駅」搭至「日
比谷駅」，車程 1 分鐘，
往 A11 出口

日比谷

6 東京中城日比谷

日比谷的新地標，3 樓的中央市場街洋
溢懷舊昭和風情

建築庭園之旅

新宿・六本木・湯島・根津・有樂町

START!!

地下鐵

「新宿御苑前駅」1號
出口徒步5分鐘

新宿 ❶新宿御苑

日本第一座皇室庭園，可欣賞許多品種的櫻花

湯島

❹舊岩崎邸庭園

三菱財閥的豪華宅邸，是英國
建築師康德現存的最早作品

地下鐵日比谷線
+ 千代田線

從「六本木駅」搭至「日
比谷駅」，車程7分鐘，
再轉千代田線至「湯島
町駅」，車程7分鐘，
往1號出口徒步3分鐘

地下鐵千代田線

從「湯島駅」搭至「根
津駅」，車程2分鐘，
往1號出口徒步5分鐘

根津 ❺根津神社

神威顯赫的名社，特徵是裝飾多彩
豪華

地下鐵丸之內線

從「新宿御苑駅」搭至「新宿駅」，車程2分鐘，往 A16、A17 出口徒步 10 分鐘

新宿

❷東京都廳展望台

宛如巴黎聖母院的雙塔，是最佳免費設施

地下鐵大江戶線

從「都庁前駅」搭至「六本木駅」，車程 11 分鐘，往 7 號出口徒步 4 分鐘

有樂町

❻東京國際論壇

都會叢林裡的方舟，內部結構之精巧令人嘆為觀止

六本木 ❸國立新美術館

充滿律動感的曲面，是建築師黑川紀章生前最後的力作

地下鐵千代田線

從「根津駅」搭至「日比谷駅」，車程 9 分鐘，往 A2 出口徒步 5 分鐘

文青歷史散步之旅

日本橋・三越前・水天宮・人形町・中目黑・代官山

\START!!/

地下鐵

「日本橋駅」B10 出口
徒步 2 分鐘

日本橋　❶日本橋

日本道路的起點，橋上麒麟代表展翅飛向
日本各地

水天宮　❺水天宮

可祈求安產、除水難

地下鐵半藏門線

從「三越前駅」搭至
「水天宮前駅」，車
程 2 分鐘，往 5 號出
口徒步 1 分鐘

步行　2 分鐘

人形町　❻人形町

散步感受下町風情

地下鐵日比谷線

從「人形町駅」搭
至「中目黑駅」，
車程 28 分鐘，下
車後徒步 14 分鐘

步行 2 分鐘

三越前 **②** 三越本店
日本最早的百貨公司，中庭天女是鎮店之寶

步行 2 分鐘

三越前 **③** 誠品書店
來 COREDO 室町テラス探訪
台灣文化發信地

往三越前駅內通道，
徒步 3 分鐘 **步行**

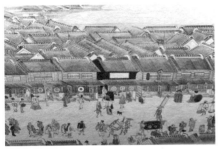

三越前 **④** 熙代勝覽
江戶時代繁華景象，搭車前記得欣賞

從「中目黑駅」搭至「代官山
駅」，車程 1 分鐘，下車後徒
步 5 分鐘

東急東橫線

代官山 **⑧** 蔦屋書店
世界最美的書店

中目黑

⑦ 星巴克臻選® 東京烘焙工坊
在隈研吾設計的咖啡店品嚐手沖咖啡

能量療癒之旅

原宿・虎之門・築地・門前仲町・御茶之水

\ START!! /

地下鐵 「明治神宮前駅」2 號出口徒步 3 分鐘

地下鐵千代田線 +
銀座線

從「明治神宮前駅」搭至「表參
道駅」，車程 2 分鐘，再轉銀座
線至「虎之門駅」，車程 10 分鐘，
往 1 號出口徒步 5 分鐘

原宿

❶明治神宮

與台灣也有關聯的明治神宮，
是都內最強能量場所

築地 **❺築地場外市場**

美食集散地，東京的廚房

步行
2 分鐘

築地 **❹築地東本願寺**

以珍禽異獸裝飾，是少見的佛教
寺院

地下鐵日比谷線
+ 東西線

從「築地駅」搭至「茅場町
駅」，車程 3 分鐘，再轉東西
線至「門前仲町駅」，車程 3
分鐘，往 1 號出口徒步 2 分鐘

步行
2 分鐘

門前仲町 **❻深川不動堂**

真言梵字壁，是受佛法守護的空間

虎之門

② 虎之門 Hills

樓高 52 層的摩天大樓，有
從 22 世紀來的白色機器貓

步行　5 分鐘

地下鐵銀座線 +
日比谷線

從「虎之門駅」搭至
「銀座駅」，車程 4
分鐘，再轉日比谷線
至「築地駅」，車程
3 分鐘，往 1 號出口

虎之門　**③ 愛宕神社**

23 區內的最高峰，可祈求好姻緣，並保佑出人頭地

御茶之水　**⑧ 神田明神**

江戶總鎮守，可祈求結緣、商賣繁盛、消
災除厄

門前仲町　**⑦ 富岡八幡宮**

相撲的發祥地，可祈求金運和
勝運

地下鐵東西線 +
丸之內線

從「門前仲町駅」搭至「大手町
駅」，車程 5 分鐘，轉丸之內線
至「御茶之水駅」，車程 3 分鐘，
往 1 號出口徒步 5 分鐘

親
子
樂
園
之
旅
—
後
樂
園
・
上
野
・
押
上
・
東
京
車
站

\ START!! /

地下鐵　「後樂園駅」2 號出口

後樂園　**❶東京巨蛋城**

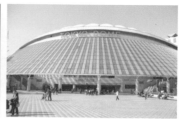

體驗驚險的雲霄飛車，LaQua 內有各式餐廳

從「後樂園駅」搭至「銀座駅」，車程約 11 分鐘，再轉銀座線至「上野駅」，車程 12 分鐘，往 6 號出口徒步 8 分鐘

地下鐵丸之內線＋銀座線

從「上野駅」搭至「銀座駅」，車程 5 分鐘，再轉淺草線至「押上駅」，車程 3 分鐘，往 B3 出口

地下鐵銀座線＋淺草線

押上　**❸墨田水族館**

有療癒的花園鰻和企鵝

上野　**❷上野動物園**

看超人氣熊貓雙胞胎曉曉和蕾蕾，櫻花季時還可在公園賞櫻

東京車站　**❹東京動漫人物街**

卡通明星大集合，將喜歡的動漫商品一次購足

地下鐵半藏門線＋丸之內線

從「押上駅」搭至「大手町駅」，車程約 14 分鐘，再轉丸之內線至「東京駅」，車程約 1 分鐘，往 M12-M14 出口徒步 5 分鐘

常見問題便利通

☞ 遇到緊急狀況怎麼辦？

　　日本國土交通省觀光廳針對日益增加的訪日旅客，製作詳細的中文版就醫指南，遊客可針對所在區域搜尋合適的醫療院所就醫。在旅館感到身體不適時，應先洽櫃台人員協助，人在外面時，也可以向日本觀光局（JNTO）認定的「觀光案內所」工作人員請求協助。

　　近年日本天然災害頻傳，包括地震、颱風、暴雨，甚至火山爆發，為了讓訪日外國遊客能夠安心，日本觀光局推出一款「Safety tips」APP，在手機安裝後如遇到自然災害發生時會立即推送資訊，建議大家在出發前可以先安裝。遇到重大災害時，日本政府會啟動全國通用的免費 WiFi，只要搜尋「00000JAPAN」，無需密碼就能直接上網。

　　旅客遭遇事故、災害或受傷等緊急情況，觀光局還提供全年無休 24 小時 Japan Visitor Hotline，中文緊急服務專線 050-3816-2787，如有需要可以利用。

日本觀光局
https://www.jnto.go.jp/emergency/chc/mi_guide.html

Safety tips

☞ 有哪些常用日語？

　　在東京旅遊時如能適時適所的使用一些日語，不但可拉近人與人之間的距離，也能讓旅遊更加順利。

日文	中文	唸法
こんにちは	您好！	konnichiwa.
ありがとうございます	謝謝	arigato gozaimasu.
すみません	不好意思（歹勢）	sumimasen.
いくらですか？	多少錢？	ikuradesuka.
シャッターを押してもらえますか？	請幫我拍照。	shata o oshitemoraemasuka.
写真撮って良いですか？	請問可以拍照嗎？	shashin tote iidesuka.

これをください	請給我這個。	kore o kudasai.
○○に行きたいのですが、どうすればいいですか？	○○要怎麼去？	○○ niikitainodesuka, dousurebaiidesuka.
荷物を預かってもらえますか？	可以寄放行李嗎？	nimotsu o azukatemoraemasuka.
トイレはどこですか？	請問廁所在哪裡？	toire wa dokodesuka?

☞ 參拜神社有哪些步驟？

❶ 進入鳥居前

　　來到日本，不可避免的一定會遇到進入神社參拜的機會。神社是神聖的空間，從鳥居開始，言行舉止如果都能合乎禮儀及規範是最好不過的事。鳥居是與神域的分界，在鳥居前先一鞠躬再進入，通過鳥居即進入神的領域，除心存恭敬外，也不要行走在正中間，因為正中央是神明的通道，請靠左或靠右行走。

❷ 在手水舍滌淨身心

　　開始參拜前請務必先在「手水舍」滌淨身心，舀起一杓水後，先洗左手，然後左手接過柄杓清洗右手，再用右手持柄杓，倒一些水在左手掌用少量的水漱口（不要吞下，更不能以杓就口），最後將柄杓直立，讓杓中剩餘的水流下沖洗剛剛手握的部位，然後將柄杓倒扣放回原位，所有的動作請用一瓢水完成。淺草寺的手水舍上方即有圖示教導如何進行的步驟。

❸ 虔誠參拜

　　來到本殿參拜時最好不要戴帽子及太陽眼鏡，先一鞠躬，然後投入賽錢，金額不拘，重要的是心意，但請不要用丟擲的，而是要將香油錢輕投入錢箱，如果神社有繩鈴，可輕輕拉動讓鈴鐺發出聲響。接著以最常見的「二拜一拍手一拜」的方式參拜，也就是先深深兩次九十度鞠躬，接著兩次拍手，同時合掌向神明祈願，最後再行以一拜，以恭敬的心感謝神明，有些神社會有著不同的傳統（例如出雲大社即為四拍手），這時只要留意神社是否有特別的規定，依循照做即可。

❹ 拜領授予品

參拜儀式後，可到境內的社務所拜領（請購）「御守」（お守り），不同形式的御守可以保佑的項目也不同，像是學業成就、結緣、身體健康……，許多人喜歡蒐集並隨身攜帶，也可以將心願寫在繪馬祈求願望實現。

❺ 離開神域

結束參拜走出鳥居，也請不要忘記轉身，向裡面一鞠躬後再離去。

☞ 日本旅遊要注意哪些禮儀？

不要邊走邊吃

日本人不習慣邊走邊吃，他們認為這很像小孩子的行為，特別是非餐飲店對這種行為特別反感，例如拿著冰淇淋逛進隔壁的店家，很有可能一不小心就弄髒商品或地面，在語言不通的情況下可能會引發更大糾紛，淺草寺的仲見世通、鎌倉的小町通り都一直強調這一點，小町通り街上直家掛出多面「マナーを守って鎌倉散策」的旗幟，向遊客宣導遵守禮儀。最好的方式是在店家門口站著吃完，有些店家店內或門口會有幾張椅子或長板凳，就坐下來慢慢享用完再繼續逛街吧。

車站電扶梯站左邊

　　和台灣習慣相反，日本關東地區使用電扶梯時習慣站左邊，右側留給要快速通行的旅客。最近多家鐵道公司雖不斷宣導兩側站立、不要在電扶梯上走動，不過短時內似乎還很難改變這長久養成的習慣，所以在車站使用電扶梯時還是站在左邊比較保險。

不席地而坐、大聲喧嘩

　　在東京自由行走累了總想找個地方坐一下，不管是商場或是景點通常都能找到椅子或休息區可以稍歇，隨意就坐在階梯或地上並不好看，在神社、店家內也不要大聲談話喧嘩，以免影響其他人。

泡溫泉前要先將身體洗乾淨

　　住宿的旅館如有大浴場或是溫泉設施，錯過就太可惜了。日本都是裸湯，入浴前務必要先利用一旁的淋浴區，坐在椅子上洗淨身體後再進入浴池，沖洗時要注意不要濺到旁邊的人，洗完後也要稍微沖一下椅凳，並將用品歸位，毛巾不可下水，當然更不能穿著貼身衣物或泳衣，長頭髮的女性也請將頭髮夾（盤）起來不要浸到浴池的水。泡湯時勿大聲喧鬧，泡完後要擦拭身體再進入更衣區。

洗手間的衛生紙不能丟垃圾桶

　　在日本，洗手間裡的垃圾桶通常是讓人丟棄衛生棉等女性衛生用品，用過的衛生紙請一律丟入馬桶沖掉，以免造成店家困擾。

去東京自助旅行！給超新手的最強攻略全圖解：交通指南X打卡景點X食宿玩買，有問必答萬用QA 全新修訂版

作者	Aska
責任編輯	李素卿
版面編排	江麗姿
封面設計	走路花工作室
資深行銷	楊惠潔
行銷專員	辛政遠
通路經理	吳文龍
總編輯	姚蜀芸
副社長	黃錫鉉
總經理	吳濱伶
發行人	何飛鵬
出版	創意市集 Inno-Fair
	城邦文化事業股份有限公司
發行	英屬蓋曼群島商家庭傳媒股份有限公司
	城邦分公司
	115台北市南港區昆陽街16號8樓

城邦讀書花園	http://www.cite.com.tw
客戶服務信箱	service@readingclub.com.tw
客戶服務專線	02-25007718、02-25007719
24小時傳真	02-25001990、02-25001991
服務時間	週一至週五9:30-12:00，13:30-17:00
劃撥帳號	19863813　戶名：書虫股份有限公司
實體展售書店	115台北市南港區昆陽街16號5樓

※如有缺頁、破損，或需大量購書，都請與客服聯繫

香港發行所	城邦（香港）出版集團有限公司
	香港九龍土瓜灣土瓜灣道86號
	順聯工業大廈6樓A室
	電話：(852) 25086231
	傳真：(852) 25789337
	E-mail：hkcite@biznetvigator.com

馬新發行所	城邦（馬新）出版集團Cite (M) Sdn Bhd
	41, Jalan Radin Anum, Bandar Baru Sri Petaling,
	57000 Kuala Lumpur, Malaysia.
	電話：(603)90563833
	傳真：(603)90576622
	Email：services@cite.my

製版印刷　凱林彩印股份有限公司
初版一刷　2023年4月
初版 8 刷　2024年7月
ISBN　　978-626-7149-73-7／定價　新台幣380元
EISBN　9786267149850 (EPUB)／電子書定價　新台幣266元

Printed in Taiwan

※廠商合作、作者投稿、讀者意見回饋，請至：
創意市集粉專 https://www.facebook.com/innofair
創意市集信箱 ifbook@hmg.com.tw

國家圖書館出版品預行編目資料

去東京自助旅行！給超新手的最強攻略全圖解：交通
指南X打卡景點X食宿玩買，有問必答萬用QA 全新修
訂版/ Aska著；-- 初版 -- 臺北市；創意市集・城邦文
化出版／英屬蓋曼群島商家庭傳媒股份有限公司城邦
分公司發行，2024.07
　　面；公分
ISBN 978-626-7149-73-7（平裝）
1.CST: 自助旅行 2.CST: 指南 3.CST: 日本東京都

731.72609　　　　　　　　　　　　　112003179